rororo sport
Herausgegeben von Bernd Gottwald

Training · Technik · Taktik

Teruo Kono
Elke von Oehsen

KARATE

Mit Fotos
von Elke von Oehsen

Rowohlt

Originalausgabe

Veröffentlicht im Rowohlt Taschenbuch Verlag GmbH,
Reinbek bei Hamburg, August 1986
Copyright © 1986 by Rowohlt Taschenbuch Verlag GmbH,
Reinbek bei Hamburg
Layout Angelika Weinert
Umschlaggestaltung BÜRO Hamburg (Foto: Bongarts)
Satz Times (Linotron 202)
Gesamtherstellung Clausen & Bosse, Leck
Printed in Germany
1280-ISBN 3 499 17615 7

13.–15. Tausend September 1991

Inhalt

Einführung	9
Grundlagen	13
Fernöstliches Denken und Kampfsport	13
Karate als organisierter Sport	17
Verschiedene Auffassungen des Karate	19
Graduierung und Gürtelprüfung	21
Ausrüstung	24
Karate als Selbstverteidigung	25
Kondition	29
Konditionelle Eigenschaften des Karateka	29
Konditionstraining	30
Ausdauer 30	
Schnelligkeit 31	
Kraft 32	
Koordination 33	
Flexibilität 34	
Gymnastik	34

Technik 49

Zur Biomechanik des Karate 49
Zur Bedeutung der Atmung 50

Wettkampftechniken 51
● Fußstellung 52
   (*Zenkutsu-Dachi* 52/Übungsformen 53
● Fausttechniken 53
   (*Gyakuzuki* 53/*Junzuki* 55/*Tobikomizuki* 56/
   Junzuki No Tsukomi 57/*Gyakuzuki No Tsukomi* 58/
   Übungsformen 59)
● Fußtechniken 60
   (*Maegeri* 60/*Mawashigeri* 62/*Sokuto Fumikomi* 64/*Sokuto* 65/
   Ushirogeri 66/*Ushiromawashigeri* 67/
   Übungsformen 68)
● Blocktechniken 68
   (Blocktechniken gegen Fausttechniken: *Age Uke* 69/*Uchi Uke* 70/
   Soto Uke 71/*Shuto Uke* 72
   Blocktechniken gegen Fußtechniken: *Gedan Barai* 73/
   Uchi Harai Uke 74/*Soto Harai Uke* 75/*Jyuji Uke* 76/
   Übungsformen 77)
● Kombinationen von Block und Konter 78
   (*Nagashizuki* 78/*Haishu Uke/Gyakuzuki* 79/*Otoshi Uke/
   Gyakuzuki* 80/Übungsformen 81)
● Ausweichbewegungen 82
   (Übungsformen 84)
● Fußfeger 85
   (*De Ashi Barai* 85/*Ushiro Ashi Barai* 86/
   Übungsformen 87)

Selbstverteidigungstechniken 88
● Angriffstechniken 88
   (*Empi* 88/*Shuto* 89/*Uraken* 90/*Teisho* 91/
   Nukite 92/*Hiza Geri* 93/*Fumikomi* 93)
● Abwehrtechniken 94
   (Verteidigung gegen Fassung des Handgelenks 94/
   Abwehr gegen Würgen von hinten 95)

Training 97

Ablauf einer Trainingsstunde 97
Trainings- und Übungsformen 98
  Kihon 98
  Renzoku Waza 100
  Kata 101
  Kumite 114
Zur Trainingsplanung 124
Training mit Kindern und Jugendlichen 125
Training mit Frauen 128
Training mit Älteren 128
Zur Dojo-Etikette 129

Wettkampf 133

Wettkampfdisziplinen 133
Wettkampfregeln 134
Wettkampftaktik 139
  Einzeltaktik 139
  Mannschaftstaktik 141
Zum Problem der Reaktion im Karate 141

Anhang 142

Verletzungen im Karate 142
  Zum Verhalten nach einem Unfall 144
Wettkampfbeobachtung 146
Literaturhinweise 149
Anschriften der Karateverbände 151
Über die Verfasser 152
Glossar 153
Sachregister 156

Einführung

Ende der 50er Jahre wurde Karate in Europa und Deutschland als Selbstverteidigungsart bekannt. Sein Bild wurde in der Öffentlichkeit wesentlich durch spektakuläre Bruchtestvorführungen geprägt, bei denen mit der Handkante Ziegelsteine zerschlagen wurden. Lange Zeit war Karate in der Hauptsache eine Sportart für Außenseiter, bis Mitte der 70er Jahre ein Boom einsetzte. Die Medien, vor allem Fernsehen und Kino, griffen diese fernöstliche Kampfkunst auf und produzierten die sogenannten «Eastern», wodurch zwar das Interesse am Karatesport geweckt wurde, jedoch eine einseitige, den Kampfaspekt betonende Darstellung dominierte, die den Aspekt der Charakterentwicklung völlig ignorierte. Daraus resultierten falsche Erwartungen, die dem Ansehen des Karatesports geschadet haben.

Das falsche Verständnis und die damit zusammenhängende kommerzielle Ausnutzung des Karate verhindern, daß dieser Sportart die Wertschätzung und Aufmerksamkeit – auch als pädagogisches Mittel – eingeräumt werden, die ihr seit langem zukommen sollten.

Karate, zunächst vorrangig eine harte Schule der Selbstverteidigung, hat sich durch Einführung von Formen des Miteinander-Übens und -Kämpfens von einer zweckbezogenen Verteidigungsart zu einer beliebten Sportart entwickelt. Aufgrund der Vielseitigkeit des Karatesports kann jeder von der Kindheit bis ins Alter diesen Sport betreiben, als Selbstverteidigung, als sportlichen Zweikampf oder als allgemeine Körperschulung im Sinne des Gesundheitsaspekts des Karate. Dabei unterscheiden sich natürlich Training und Übungspraxis entsprechend der jeweiligen Schwerpunktsetzung und Altersstufe.

Damit allerdings die Vielseitigkeit und die Möglichkeiten des Karate stärker ins öffentliche Bewußtsein rücken, sollten Überlegungen angestellt werden, ob und wie bei Wettkämpfen und Demonstrationsveranstaltungen

neben dem (sportlichen) Kampfaspekt auch der Entwicklungsaspekt (*Budo*-Aspekt) des Karate attraktiv aufgezeigt werden kann.
Die Ausbildung des Karatekas setzt ein anstrengendes und diszipliniertes Training voraus. Dabei muß die körperliche Disziplin durch die geistige Disziplin getragen werden, d. h., der erzieherische Wert des Karate soll immer in die Ausübung des Sports integriert werden und so einen Beitrag zur Ausbildung der Persönlichkeit des Sportlers leisten. Das Erlernen einer perfekten sportlichen Technik ist also nicht alleiniges Ziel im Karate, ebensowenig der Sieg im Wettkampf, sondern der «Sieg über sich selbst». Leider dominiert noch immer der sportliche den erzieherischen Aspekt des Karate. Dies zu ändern und damit den Wurzeln des Karate wieder näherzukommen sollte Aufgabe der Trainer und Übungsleiter in Vereinen und Sportschulen sein.

Der Karatesport ist in zwei verschiedenen Institutionen organisiert, in Sportvereinen und privaten Sportschulen. Dabei bieten die Vereine die preiswertere Möglichkeit des Sporttreibens, während die kommerziellen Sportschulen durchweg besser ausgestattet sind. Wer allerdings Karate wettkampfmäßig betreiben und sich auf Lehrgängen fortbilden will, ist im Sportverein besser aufgehoben. Es lohnt sich in jedem Fall vor Eintritt in einen Verein oder eine Schule, das Training anzusehen, die Atmosphäre einzuschätzen, die Räumlichkeiten kennenzulernen und die Kosten zu erfragen. Manchmal ist es auch möglich, an einem Probetraining teilzunehmen. Erst nach einem solchen praktischen Test sollte man sich für eine der Möglichkeiten entscheiden.

Karate als Lifetime-Sport

Da Karate eine vielseitige Körperschulung beinhaltet, ist es als Lifetime-Sport aus physiologischer Sicht ohne Zweifel geeignet. Dem psychologischen Aspekt kommt jedoch eine ebensolche Bedeutung zu. Wenn in einer Gruppe Wert auf korrekte Techniken gelegt wird, ist es auch mit zunehmendem Alter möglich, im Karate etwas dazuzulernen und Erfolgserlebnisse durch diesen Sport zu haben. Werden dagegen in einer Gruppe nur Komponenten wie Kraft, Schnelligkeit und Risikobereitschaft geachtet, kann dies eine lebenslange Beschäftigung mit Karate verhindern. Zugewinn an technischer Perfektion kann in jedem Alter betrieben werden.

Durch diese ständige Entwicklung wird immer wieder ein neuer Anreiz geschaffen, das Erreichte zu überdenken und sich positiv zu verändern. Da hauptsächlich die individuelle persönliche Weiterentwicklung Kriterium für Güte im Karate sein sollte, werden Frustrationserlebnisse, die durch den Vergleich mit anderen entstehen können, relativiert. So sollte der Trainer dafür Sorge tragen,

- daß die Übungsformen von der Belastung her den verschiedenen Alters-
  stufen angemessen sind;
- daß die Rangordnung in der Gruppe nicht auf «objektiven» Leistungen
  beruht, sondern sich nach dem persönlichen Engagement des einzelnen
  richtet;
- daß ein Bewußtsein in der Gruppe herrscht, das nicht nur auf Leistungs-
  fähigkeit ausgerichtet ist, sondern auf höflichen Umgang, Respekt vor
  dem Mitmenschen und Sensibilität für die Probleme anderer;
- daß jeder in außersportliche Aktivitäten wie Geselligkeiten, Fahrten zu
  Veranstaltungen, Organisation von Veranstaltungen, Wettkämpfen
  usw. mit einbezogen ist.

Historische Samurai-Darstellung

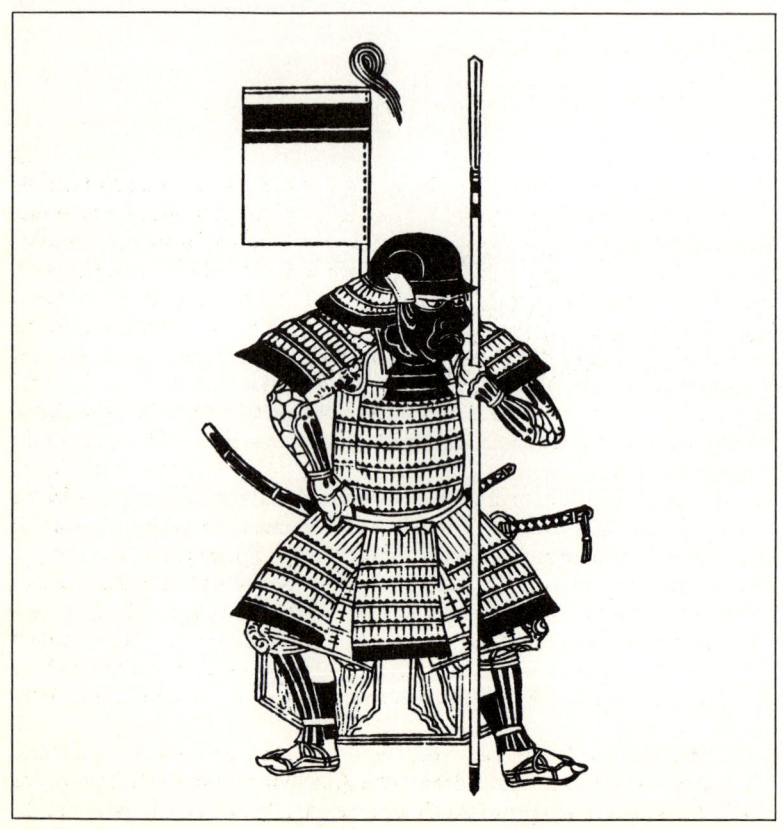

Grundlagen

Fernöstliches Denken und Kampfsport

Zum besseren Verständnis des Karate, das wie alle fernöstlichen Kampfsportarten nicht einfach eine sportliche ‹Erfindung› ist, sondern ganz spezifische historische und philosophische Hintergründe als Entstehungszusam-
menhang hat, soll hier in aller Kürze ein Abriß japanischer Geschichte und
Religion sowie deren Beziehung zu den Kampfsportarten gegeben werden.
Bis zum 11. Jahrhundert wurde Japan von einer Zentralregierung geführt.
Deren Macht schwächte sich stark ab, als der Kriegeradel im Laufe des
12. Jahrhunderts militärisch und politisch die Oberhand gewann. Der kai-
serliche Hof war so kaum mehr als ein Symbol; Realität war die bewaffnete
Macht in den Händen der Kriegerfamilien (besonders Minamoto und
Taira). Hand in Hand mit dem feudalen System entwickelte sich die Kaste
der *Samurai* (Krieger) und erlangte die beherrschende gesellschaftliche
Stellung, bedingt durch die Zersplitterung Japans in einzelne Fürstentü-
mer, deren Feudalherren sich mit ihren Armeen gegenseitig bekriegten.
Die *Samurai* waren durch einen Kodex bedingungsloser Loyalität an ihre
Vorgesetzten und Herren gebunden. Dieser Ehrenkodex, *Bushido* ge-
nannt, entwickelte sich zu einem machtvollen ethischen Gesetz – ähnlich
der Lehenstreue im europäischen Mittelalter –, das noch heute spürbar ist.
Bushido verlangt fast religiöse Hingabe an ein kämpferisches und hartes
Leben.
Jeder *Samurai* ging bei Meistern der Fechtkunst und des Bogenschießens in
die Lehre. Dabei waren die körperliche Ausbildung und die Stärkung des
Charakters gleichrangig und von Härte geprägt. Trotz dieser Härte beruht

aber die individuelle Kampfkunst auf dem Prinzip der Nachgiebigkeit, bei dem die Geschicklichkeit Vorrang vor Kraft und Gewalt hat.

Während der *Kamakura-Periode* (1185 bis 1333) faßte der *Zen-Buddhismus* in Japan Fuß und wurde zur bedeutendsten Lebensphilosophie der Japaner. Der Zen-Buddhismus ist eine Strömung des chinesischen Buddhismus, der bereits seit dem 6. Jahrhundert in Japan vertreten war, ebenso wie Einflüsse Chinas auf Religion, Philosophie, Kunst, Handwerk und Kriegskünste. Der Zen-Buddhismus wurde in Indien von einem Mönch namens Bodhidharma begründet, konnte sich dort aber nie ideologisch oder organisatorisch etablieren.

Bodhidharma soll neun Jahre lang dagesessen und eine leere Wand angesehen haben, um erleuchtet zu werden. Eben diese Erleuchtung (*Satori*) ist Sinn und Ziel des Buddhismus. Alle anderen Richtungen des Buddhismus lehrten, daß man Erleuchtung nur durch Studium, Gebet, ein heiliges Leben und mehrere Wiedergeburten erfahren könne. Der Zen-Buddhismus lehrte nun Möglichkeiten plötzlicher Erleuchtung als Ergebnis intensivster körperlicher und geistiger Konzentration. Dabei darf das Gehirn nicht wie üblich (logisch) ‹denken›, sondern es soll sich auf besondere, bewußt absurde Probleme, *Koan* genannt, konzentrieren. Ein Beispiel dafür ist folgende Aufgabe: «Wenn man beide Hände zusammenschlägt, entsteht ein Geräusch; lausche dem Ton nur einer Hand.» Die Behandlung dieser Aufgabe kann nur völlig ohne Vernunftkriterien erfolgen; es soll eine geistige und psychische Spannung erzeugt und so die Erleuchtung über die Verwirrung des Geistes erreicht werden, d. h. Einsicht in die Wirklichkeit der Dinge jenseits ihrer Erscheinungsformen. So ist der Buddhismus keine Gott-orientierte Religion, sondern «die Lehre Buddhas ist eher eine praktische Psychologie oder Psychohygiene» (TIWALD 1981, 21).

Der Mönch Eisai gilt als Begründer des japanischen Zen-Buddhismus; mehr zu seiner Verbreitung beigetragen hat allerdings der Aristokrat Dogen (1200–1253), der den chinesischen Zen-Buddhismus der Lebensweise der herrschenden Klasse Japans, der adligen Kriegerkaste, den *Samurai*, anpaßte. So fand der Zen-Buddhismus zwar weniger Anhänger beim Volk, aber dadurch, daß er viele Parallelen zur Lebensweise der *Samurai* aufwies, verankerte er sich schnell sehr tief in ihrer Klasse und prägte stark die Philosophie der Kampfkünste. So entsprach zum Beispiel die geforderte Disziplin des Zen-Buddhismus der strengen geistigen und körperlichen Lebenshaltung der *Samurai* ebenso wie das Gesetz des unbedingten Gehorsams des *Bushido* in der feudalen Gesellschaft der Unterwerfung des Schülers unter seinen Zen-Meister. Die kriegerische Kaste muß umgekehrt auch einen gewissen Einfluß auf den Zen-Buddhismus gehabt haben, denn obwohl jede Richtung des Buddhismus Gegner allen Blutvergießens sein sollte, waren die Zen-Meister bald führende Vertreter des japanischen Schwertkults, der von den *Samurai* begründet wurde. Sie lehrten zwar nicht selbst das Fechten, sehr wohl aber die richtige moralische Einstellung, d. h., der Zen-Buddhismus spielte auch als praktische Meditationsmethode eine Rolle, die Krieger in einen gelösten inneren Zustand zu versetzen, um Kräfte und Energie zu mobilisieren sowie Todesangst überwinden zu helfen, was für den Kampferfolg sehr wichtig war; denn wie ein legendärer *Samurai*-Held gesagt haben soll: «Wenn du daran denkst, dein Leben zu retten, so ziehe lieber nicht erst in den Krieg.» Eine weitere Beziehung zwischen Religion und Kampfkünsten ist darin zu sehen, daß die hohe gesellschaftliche Stellung der *Samurai* beinhaltete, daß sie neben ihrer Kampfkunst auch die schönen Künste beherrschten, und die Mönche ihrerseits nicht nur Kunst und Wissenschaft voranbrachten, sondern im Zuge kriegerischer Auseinandersetzungen zwischen den einzelnen Klöstern sogar ganze Armeen von Kriegermönchen entstanden, die ihrerseits Kriegs- und Kampfkünste betrieben.

Nach dem Ende des japanischen Feudalismus, der 700 Jahre lang dauerte, und der Einigung des Landes (*Meji-Restauration* 1867) sank die gesellschaftliche Stellung der Kriegerklasse. Die *Samurai* verfeinerten aber die Kampfkünste und Kampftechniken zu Bewegungskünsten, aus denen dann die sogenannten Kampfsportarten hervorgingen, so auch Karate.

Die Wirkung des religiös geprägten *Bushido* auf die Kampfsportarten ist bis heute in Asien ungebrochen. Sie ist aufgrund einer völlig anderen Entstehung und Entwicklung des Sports in den westlichen Kulturen bei uns nur schwer verständlich; im folgenden sollen trotzdem einige Gedanken nicht nur aufgezeigt werden, sondern auch als Anregung dienen, den ursprünglichen bzw. ‹eigentlichen› Inhalten des Karate näherzukommen.

Im Zentrum steht der Gedanke, daß jeder unabhängig von Voraussetzungen und Können (d. h., egal ob Blau- oder Schwarzgurt) dauerhafte Befriedigung in seinem sportlichen Handeln finden soll. Nicht nur die Höchstleistung, auch der Weg zu dieser Höchstleistung im Üben hat sinngebende Bedeutung und ist nicht nur funktional definiert wie in der westlichen Bewegungslehre. Die Silbe «Do» (z. B. Kendo, Judo, Karatedo), was zu deutsch «Weg» heißt, bezieht sich eben darauf, daß nicht primär das Ergebnis des Handelns wichtig ist, sondern das Handeln, der Weg selbst; beides ist nicht voneinander zu trennen. So ist die Beherrschung von Techniken und Fertigkeiten nicht vorrangig, sondern vielmehr die pädagogisch-psychologische Komponente der Selbsterkenntnis, der Weg der inneren Reifung. Mit dem perfekten Beherrschen einer Technik ist nicht das Ziel erreicht, die Technik gilt vielmehr als Spiegel des inneren Zustands. Die Funktionalisierung der Technik soll überwunden werden, und innere Entspannung, Ruhe und das Aufgehen in der Bewegung sind das Ziel. Nicht «Ich» bewege mich, sondern «Es» bewegt sich (HERRIGEL). Das Handeln wird ‹Ich-los›; man läßt sich im Kampf nicht in den Bann des Gegners ziehen, das eigene Handeln ist frei und nicht von außen bestimmt, so daß eine

‹Natürlichkeit› der Bewegung erreicht wird. Die fernöstlichen Sportarten
waren natürlich ursprünglich in keiner Weise Leistungssport oder Sportarten in unserem ‹westlichen› Sinn, sondern ein möglicher Weg zur Selbstfin-
dung; nicht also Optimierung der Kampffähigkeit, sondern Entwicklung
der Persönlichkeit war primäres Ziel.

Die Praxis der fernöstlichen Kampfsportarten ist also zugleich körperlicher
und geistiger Prozeß. So gibt es in den asiatischen Kampfkünsten Formen
des Verhaltens und Übens, die aus westlichen Kampfsportarten (z. B. Boxen, Ringen) unbekannt sind. Eine strenge hierarchische Ordnung («Meister») und eine stark formalisierte Etikette, die einen Sinn nur in sich selbst
zu haben scheint, sind ebenso damit gemeint wie die Übungsformen *Kihon*
und *Kata* (vgl. S. 98 ff und 101 ff). Im *Kihon* werden Bewegungen sehr oft
wiederholt, dies soll allerdings nicht mechanisch erfolgen, auch wenn es
nach außen hin wie geistloses mechanisches Üben aussieht, sondern in vol-
ler geistiger Aufmerksamkeit und Konzentration. Bei der *Kata* wird eine
Serie aneinandergereihter Kampftechniken gegen imaginäre Gegner ausgeführt, dabei kommt es neben der Bewegungsausführung darauf an, das
innere Gleichgewicht zu wahren, um bei Angst und Bedrohung stets Wach-
samkeit und Ruhe beizubehalten. Weitere Kriterien der Do-Orientierung
sind Atemübungen und Meditationstechniken.

Die Grundidee der fernöstlichen Kampfkünste kann man gemäß einem ja-
panischen Leitspruch so zusammenfassen: «Oberstes Ziel in der Kunst des
Karatedo ist weder Sieg noch Niederlage, sondern die Vervollkommnung
des Charakters.» Dies spiegelt sich auch in der Definition des Deutschen
Karate-Verbandes wider: «Rein bewegungsmäßig ist Karate eine Kampf-
und Bewegungskunst, in der man lernt, alle Gliedmaßen hauptsächlich zu
Tritten, Stößen und Schlägen, zu Angriff und Verteidigung einzusetzen.
Das Ziel des Karate ist es, durch die körperliche und geistige Auseinander-
setzung mit dieser Kunst seine Persönlichkeit zu entfalten ...»

Die Ursprünge des Karate als Kunst des unbewaffneten Kampfes kamen
über Indien und China nach Japan. Das chinesische *Kempo* und besonders
das *Taikyokuen* sowie *Tai Chi* hatten großen Einfluß auf die Entwicklung
der verschiedenen Kampfarten, die über Okinawa nach Japan gelangten.
Karate entwickelte sich in Okinawa zu einer eigenständigen Kampfkunst
(*Okinawa-Te*), während dort unter dem Herrscher Sheo Hashi jeglicher
Waffenbesitz verboten war (1406) und die Bevölkerung gegen japanische
Piraten (*Wako*) ein Selbstschutzsystem entwickeln mußte. Von Okinawa,
wo es 1876 als pädagogisches Konzept in den Schulen eingeführt wurde
(*Taiikku*), gelangte Karate dann Anfang des 20. Jahrhunderts nach Japan
und etablierte sich im japanischen Erziehungssystem.

Die Entwicklung des modernen Karate wurde durch eine Veranstaltung
1922 in Tokyo wesentlich unterstützt. Dort stellte Gichin Funakoshi
(Gründer des Karate, 1870–1957) seine Kampftechnik vor. Jigoro Kano,

der Gründer des Judo, gab den Anstoß zu dieser Idee, die vom japanischen Kulturministerium gefördert wurde, damit große Kreise von Budo-Meistern die Möglichkeit bekämen, Karate kennenzulernen. Hironori Ohtsuka (1892–1981), der zu dieser Zeit schon Großmeister des *Jiu Jitsu Kempo* (*Shinto Yoshinryu*) war, nahm Kontakt mit Funakoshi auf, um dessen Kampfart zu erlernen. Dies gelang Ohtsuka innerhalb eines Jahres, da sein *Jiu Jitsu Kempo* sich an das *Shaolin-Szu*, die Kampfkunst Daruma Taishis, anlehnte, der auch Funakoshis Karate entstammte. Funakoshi und Ohtsuka wollten Karate für eine breitere Masse zugänglich machen. Dazu war es nötig, von den harten Nahkampftechniken Abstand zu nehmen und Übungsformen zu finden, die das gesundheitliche Risiko einschränkten und trotzdem ein Üben mit Partner ermöglichten. Diese Form wurde mit dem *Yakusoku Kumite* gefunden. Bei dieser Form des Übens bestehen zwischen den Partnern Absprachen über die zu benutzenden Techniken. So waren die Möglichkeiten zur Verbreitung des Karate geschaffen, aber erst zur Zeit des japanischen Nationalismus im Zweiten Weltkrieg gewannen Karate und andere Kampfkünste in Japan wesentlich an Bedeutung und fanden breiten Eingang in Universitäten und Militär. Der Begriff «Karate» in Schrift und Aussprache soll erstmalig 1905 auf Okinawa verwendet worden sein, aber erst 1930 wurde er durch Funakoshi populär. Es bedeutet soviel wie «Kampf mit leeren Händen».
Das heutige Karate ist im wesentlichen durch vier Stilrichtungen geprägt, die sich in technischer Hinsicht voneinander unterscheiden, deren gemeinsamer Ursprung aber das *Okinawa-Te* und die philosophisch-religiösen Grundlagen sind: *Wado-Ryu, Shotokan, Goju-Ryu* und *Shito-Ryu*.
Wado-Ryu zeichnet sich durch verschiedene Standarten, Körperdrehungen (*Tai-Sabaki*) und kreisförmige Techniken aus, *Shotokan* ist charakterisiert durch tiefe Stellungen und geradlinige Techniken, beim *Goju-Ryu* fallen die ausgeprägten Atemtechniken auf, und beim *Shito-Ryu* sind enge, hohe Standarten vorherrschend.

Karate als organisierter Sport

Die beiden wichtigsten Stilrichtungen des heutigen Karate sind *Wado-Ryu* und *Shotokan*. Der Shotokan-Stil ist in Deutschland mit den Namen *Nakayama* (9. Dan), *Kase* (7. Dan) und *Kanazawa* (8. Dan) verbunden.
Aus den vier bisher genannten Stilrichtungen haben sich zahlreiche andere Stile gebildet, die zum Teil mit bekannten Namen verbunden sind. Das *Goju-Ryu* ist durch *Yamaguchi* («die Katze») bekannt geworden. Aus dem

Schema der Karate-Geschichte

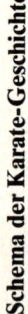

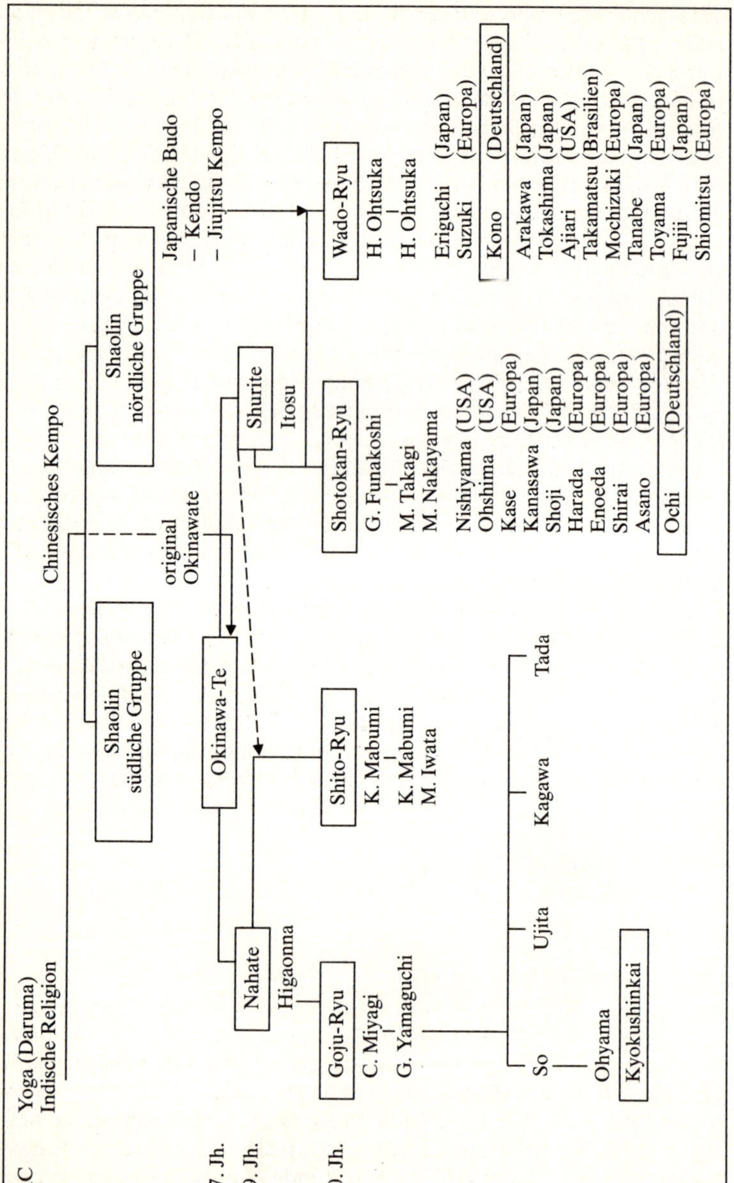

AC — Yoga (Daruma) / Indische Religion

Chinesisches Kempo

Shaolin nördliche Gruppe — Shaolin südliche Gruppe

Japanische Budo
– Kendo
– Jiujitsu Kempo

17. Jh. — original Okinawate

19. Jh. — Okinawa-Te — Nahate (Higaonna) — Shurite (Itosu)

20. Jh.

Wado-Ryu
H. Ohtsuka
H. Ohtsuka
Eriguchi (Japan)
Suzuki (Europa)
Kono (Deutschland)
Arakawa (Japan)
Tokashima (Japan)
Ajiari (USA)
Takamatsu (Brasilien)
Mochizuki (Europa)
Tanabe (Japan)
Toyama (Europa)
Fujii (Japan)
Shiomitsu (Europa)

Shotokan-Ryu
G. Funakoshi
M. Takagi
M. Nakayama
Nishiyama (USA)
Ohshima (USA)
Kase (Europa)
Kanasawa (Japan)
Shoji (Japan)
Harada (Europa)
Enoeda (Europa)
Shirai (Europa)
Asano (Europa)
Ochi (Deutschland)

Shito-Ryu
K. Mabumi
K. Mabumi
M. Iwata

Goju-Ryu
C. Miyagi
G. Yamaguchi
So — Ujita — Kagawa — Tada
Ohyama
Kyokushinkai

Goju-Ryu hat sich später das *Kyukoshinkai* entwickelt, das untrennbar mit dem Namen *Ohyama* verbunden ist; aus dem *Shito-Ryu* ist unter anderem das *Shindo Shizen-Ryu* unter *Konishi* hervorgegangen. *Wado-Ryu* ist in Deutschland vor allem durch die Aktivitäten von Nationaltrainer *Teruo Kono* (8. Dan) bekannt geworden.

Heute hat jede Karate-Stilrichtung in Deutschland ihren eigenen Verband. Vier Verbände sind im 1977 gegründeten DKV (Deutschen Karate Verband) zusammengeschlossen. In diesem vom DSB (Deutscher Sport Bund) anerkannten Dachverband sind etwa die Hälfte der Karatesportler in Deutschland organisiert.

Jeder Karate-Verband richtet seine eigenen Deutschen und Europameisterschaften aus. Daher sind Berichte über Meisterschaften mit einem Zusatz versehen, der kenntlich macht, welche Verbände beteiligt waren.

Da es zwei Weltverbände gibt, sind auch die nationalen Verbände auf internationaler Ebene in zwei Gruppen aufgeteilt. Die beiden Weltverbände sind die WUKO (World Union of Karate Organizations) und die IAKF (International Amateur Karate Federation). Die WUKO wurde vom IOC (Internationalen Olympischen Komitee) als Weltkarateverband anerkannt. Auch der DKV wird daher in Zukunft Wettkämpfe nach WUKO-Regeln austragen. Die Anerkennung von Karate als olympische Sportart steht noch aus, so daß frühestens 1992 bei Olympischen Spielen mit einem Karatewettbewerb gerechnet werden kann.

In Deutschland ist der DKV (Deutscher Karate Verband) und damit der über ihm stehende DSB (Deutscher Sport Bund) für das *sportliche* Karate zuständig. Für das *Budo*-Karate sind nur die einzelnen, auf die jeweiligen Stilrichtungen ausgerichteten Organisationen zuständig, da diese Stilrichtungen eine wesentlich breitere Palette an Techniken vermitteln als das Sportkarate, das sich auf wenige Techniken spezialisiert hat.

Verschiedene Auffassungen des Karate

Im Karate entwickelten sich verschiedene Auffassungen über die Art, wie dieser Sport ausgeübt werden kann. So gibt es neben dem *traditionellen* Karate, auf das in diesem Buch ausschließlich eingegangen wird, das *Semikontakt-* oder *Vollkontakt-Karate*. Bei diesen Entwicklungen sind die geistigen Werte und zum Teil auch die Technik zugunsten des reinen Kampfaspekts zurückgedrängt worden. Im Vollkontakt-Karate zum Beispiel wird wie beim Boxen in einem Ring nach Runden mit K.-o.-System gekämpft. Als es noch keine Wettkampfregeln im traditionellen Karate gab, wurde auch hier nach dem K.-o.-System gekämpft. Allerdings gab es damals noch keine Schützer an Händen und Füßen, außerdem fanden die Wettkämpfe im Gegensatz zu heute in einer Atmosphäre statt, die von Respekt und Etikette geprägt war. Der Gedanke, nach K.-o.-System zu kämpfen, ist also nicht neu.

Daß es möglich wurde, ohne Verletzungsrisiko nach Regeln zu kämpfen, stellt eine positive Weiterentwicklung das Karate dar, die durch Vollkontakt- oder Semikontaktkarate wieder rückgängig gemacht wird. Darüber hinaus werden in diesen Entwicklungen die guten Traditionen wie das Streben nach vollendeten Techniken und ethisch-moralischen Werten mißachtet. Sportkarate ist erst seit ungefähr Ende der funfziger Jahre überall populär. Es wurde 1957 in Japan eingeführt, nachdem es schon an den japanischen Universitäten erprobt wurde. Einige Jahre später wurde diese Form des Karate auch in anderen Ländern, z. B. in Europa, populär.

Auf den Karate-Veranstaltungen in Europa wird seit einigen Jahren im japanischen Stil gekämpft, also mit «leichten» Techniken. Das frühe japanische Sportkarate hatte großen Einfluß auf das europäische Karate, da die ersten Trainer in Europa japanische Trainer der alten Generation waren. Dadurch werden auch heute noch in Europa relativ viele *Ashi Barai-Techniken* (Fußfeger) ausgeführt. Trotzdem fand auch hier eine Vereinfachung der Techniken statt. Der japanische Weg der Vereinfachung sollte aber nicht weiterverfolgt werden, es sollte eine Besinnung auf die alten Techniken, die wesentlich vielfältiger waren, stattfinden, weil sonst dem Karate sehr viel an Variabilität verlorenginge. Andererseits ist Karate ein Massensport, und dafür ist eben der Wettkampf notwendig, der zu der Vereinfachungstendenz führt. Sportkarate dient der Popularität der Sportart, aber nur ein geringer Teil der Karateka wird so darüber hinaus zum *Budo*-Karate finden und damit zur Erhaltung der alten Techniken in der Zukunft beitragen können.

Hier liegt die Aufgabe der Karatetrainer, die vorausdenken müssen. Es muß daher in Zukunft zwei Wege im Karate geben:
– das *sportliche Karate* und
– das *Budo-Karate*.

Auch Kampfrichter können etwas gegen die reine ‹Versportlichung› tun, indem sie selbst aus der Kenntnis schwierigerer Techniken auch für diese Punkte im Wettkampf vergeben. Wenn Kampfrichter dies nicht berücksichtigen, dann benutzen immer weniger Kämpfer schwierige Techniken, wie *Uraken* (90) oder *Sokuto* (65). Daher haben die Kampfrichter große Verantwortung für die Entwicklung des Karate. Die Voraussetzung dafür ist aber, daß die Kampfrichter Karate auf einem extrem hohen Niveau beherrschen. So sollten nur hohe Dan-Träger Kampfrichter sein.

Ein anderes Problem ist, daß immer mehr Karateka meinen, sie hätten Karate ‹verstanden›. Doch nur auf der verstandesmäßigen Ebene ist es nicht möglich, Zugang zum Wesen des Karate zu bekommen. Dieser Weg geht vor allem über die unermüdliche praktische Ausübung dieses Sports, Eifer, Respekt und Bescheidenheit; den Eifer, die eigene Technik ständig zu verbessern und vervollkommnen, den Respekt gegenüber seinem Lehrer, anderen großen Meistern dieses Sports und gegenüber seinen Mitkämpfern und die Bescheidenheit hinsichtlich des eigenen Erfolgs und gegenüber seinen Mitmenschen. Daraus erst folgen eine kritische Selbsteinschätzung und das Bestreben, Karate als Aufgabe aufzufassen. Wenn man sich den philosophischen Ursprüngen dieses Sports verschließt, ist eine Weiterentwicklung nicht möglich.

Wer Karate lernt, tut dies aus Gründen der Gesunderhaltung, der Selbstverteidigung oder des Sporttreibens.

Sportkarate steht bei den meisten Karateka zehn bis zwölf Jahre lang im Vordergrund. Mit etwa dreißig Jahren hat man im Sportkarate seinen Höhepunkt erreicht; darüber hinaus kann man mit dem Budo-Karate bis ins hohe Alter aktiv bleiben, wie dies Ohtsuka vorgelebt hat, der mit neunzig Jahren als aktiver Karateka gestorben ist. Karate als Mittel der Gesunderhaltung oder der Selbstverteidigung kann man bis ins hohe Alter betreiben, härteste körperliche Disziplin und sportliches Karate dagegen nicht, so daß allein damit genügend Gründe für die gleichzeitige Existenz von Sportkarate und Budo-Karate gegeben sein sollten.

Graduierung und Gürtelprüfung

Im Karate gibt es – wie im Judo – ein Graduierungssystem, das anzeigt, welchen Fertigkeitsstand der Lernende erreicht hat. Dabei geht es bei den Gürtelfarben nicht um den Grad kämpferischer Leistungen, sondern um den der Ausführungsgüte und der Perfektion der Techniken (Fertigkeiten). Ursprünglich gab es diese starke Differenzierung in Japan nicht, für die Einteilung in Klassen bei Wettkämpfen ist sie aber hilfreich.

Über Gürtelprüfungen ist es jedem einzelnen sofort möglich, einschätzen zu können, auf welcher Fertigkeitsstufe er sich befindet, um daraus den Anreiz für das weitere Üben zu ziehen. Um Gürtelprüfungen zu bestehen, ist regelmäßiges intensives Training notwendig. Durchschnittlich sollte der Anfänger zweimal pro Woche trainieren, Träger höherer Gürtel entsprechend häufiger.

Graduierungsübersicht

Grad		*Wartezeit* (jeweils nach der vorherigen Prüfung)
weißer Gürtel	(9. Kyu)	
gelber Gürtel	(8. Kyu)	drei Monate
orange Gürtel	(7. Kyu)	drei Monate
grüner Gürtel	(6. Kyu)	vier Monate
blauer Gürtel	(5. Kyu)	vier Monate
violetter Gürtel	(4. Kyu)	sechs Monate
brauner Gürtel	(3. Kyu)	sechs Monate
brauner Gürtel	(2. Kyu)	sechs Monate
brauner Gürtel	(1. Kyu)	ein Jahr
schwarzer Gürtel	(1. Dan)	zwei Jahre
schwarzer Gürtel	(2. Dan)	drei Jahre
schwarzer Gürtel	(3. Dan)	

Es folgen jeweils mit dem schwarzen Gürtel der 4., 5. und 6. Dan. Nach dem 6. Dan kann die Großmeisterwürde erworben werden (rot-weißer Gürtel). In Deutschland wird manchmal schon mit dem 6. Dan der rot-weiße Gürtel getragen. Die höchste Stufe ist der 10. Dan, den bisher nur ein einziger Karateka, der Japaner Ohtsuka, offiziell innehatte. Die angegebenen Zeiträume sind ungefähre Angaben und können bei außergewöhnlich talentierten Karateka und entsprechendem Trainingsfleiß durch die Prüfer verkürzt werden (außer bei Dan-Graden).

Der Schwierigkeitsgrad der vorzuführenden Techniken wird von Kyu- zu Kyu-Grad immer höher. Außerdem müssen die Techniken, die in früheren Prüfungen gezeigt wurden, mit aufsteigender Graduierung immer perfekter und auch am Partner demonstriert werden. Es kommen mit jedem Kyu- und Dan-Grad weitere Partnerübungen und Katas (Formübungen) hinzu.

Weiß-, Gelb- und Orangegurtträger zählen zu den Anfängern. Ab Grüngurt kann schon ein gewisses Verständnis für die Karatetechnik erwartet werden, und ab braunem Gürtel gehört der Karateka zu den Fortgeschrittenen. Der große Sprung ist der Übergang vom Kyu-(Schüler-) zum Dan-(Meister-)Grad. Die Anforderungen an einen Dan-Grad-Inhaber betreffen neben den technischen Fertigkeiten auch charakterliche Eigenschaften und damit die Eignung des Karateka als Vorbild.

Der 1. Dan ist die unterste Stufe in der Hierarchie der Meister-Grade. Auch der Dan-Träger muß noch sehr viel lernen, bevor er weitere Dan-Grade erreichen kann. Auch hier gilt: Je höher der Gurt, desto höher die Anforderungen.

Die Gefahr des Kokettierens mit dem Erreichten wird eingeschränkt durch die Ethik, die mit diesem Gürtel verbunden wurde. So darf nicht vergessen werden, daß der Besitz eines weiteren Gürtels auch Ansprüche an die Techniken und das Auftreten des Karateka stellt. So gesehen ist der Erwerb eines Gürtels eine Verpflichtung und kein Sammeln als Zeichen des Erfolgs. Dan-Graduierungen sollen das Gesamtpotential eines Karateka ausweisen, und sie beziehen daher alle Bereiche des Karate, also körperliche und geistige Disziplin, den sportlichen Aspekt, Selbstverteidigung und Gesundheit mit ein. Das bedeutet, daß ein guter Kämpfer nicht schon automatisch Dan-Qualität besitzt. Auch Funktionärstätigkeiten, wenn auch ohne Zweifel nützlich, berechtigen nicht zum Tragen eines Dan-Grades, können aber die Persönlichkeit positiv beeinflussen.

Eine Qualitätsprüfung ist u. a. notwendig, um die Qualifikation eines Karateka für die Unterweisung rangniedrigerer Karateschüler festzustellen. Hierzu sind im allgemeinen nur Dan-Träger befähigt, weil sie durch langjähriges Training die notwendigen Fähigkeiten und das erforderliche Maß an Sicherheit erworben haben. Mangelnde Qualität bedeutet Mangel an Sicherheit und Souveränität im Denken und Handeln. Wichtig für das Erkennen der tatsächlichen Qualifikation eines Dan-Anwärters sind zum einen sein eigenes selbstkritisches Verhalten und zum anderen Prüfer mit einem um einige Grade höheren Dan. Bei einem Dan-Prüfling muß ein gutes Verhältnis zwischen praktischem und theoretischem Wissen bestehen, da ein Dan-Träger und Karate-Lehrer seine Technik, aber auch seine Lebenseinstellung praktisch vorleben können muß, um über diese Vorbildfunktion Lernprozesse zu initiieren.

Doch blicken wir noch einmal zurück auf die Anfänge beim Erlernen des Karate. Die erste Prüfung, die abgelegt werden muß, ist die Gelbgurtprüfung. Für den gelben Gürtel (8. *Kyu*) ist die Demonstration folgender Techniken grundschulmäßig vorgeschrieben:

Wado-Ryu-Karate	**Shotokan-Karate (DKB)**
Junzuki	*Oi-Tsuki (= Junzuki)*
Gyakuzuki	*Age Uke*
Maegeri	*Soto-Ude Uke*
Surikomi Maegeri	*Uchi-Ude Uke*
Sokuto Fumikomi	*Shuto Uke*
Maegeri/Tobikomizuki	*Maegeri*
Surikomi Maegeri/Tobi-	*Yoko-Geri-Keage*
komizuki	*Yoko-Geri-Kekomi (= Sokuto)*
Maegeri/Gyakuzuki	*Kata: Heian 1*
Surikomi Maegeri/Gyakuzuki	*Kumite: Gohon Kumite (2 Übungen)*
Soto Uke/Gyakuzuki	
Uchi Uke/Gyakuzuki	

Es kommen noch die Wendungen mit *Age Uke* (Aufwärtsblock) und *Gedan Barai* (Block nach unten) und die Fußstellungen *Zenkutsu Dachi* (nach vorn gerichtete Stellung) und *Kiba Dachi* (eine Seitwärtsstellung) hinzu. Die Techniken sind im Kapitel «Wettkampf» beschrieben.

Die Prüfungsprogramme der verschiedenen Karateverbände sind über den Buchhandel oder die verschiedenen Karateverbände direkt zu beziehen (Adressen siehe Anhang).

Ausrüstung

Karate zählt zu den preiswerten Sportarten, da keine aufwendige Ausrüstung benötigt wird. Am wichtigsten ist der Karate-Anzug (*Karate-Gi*), der aus einer Jacke und einer Hose besteht. Ein *Karate-Gi* kostet, je nach Qualität, zwischen 50 und 150 DM. Für den Anfänger empfiehlt sich ein preiswerter Anzug.

Durch den Hosenbund ist ein langes Band gezogen, dessen Enden vorn mit einer Schleife zusammengebunden werden können. Bei der Jacke wird die

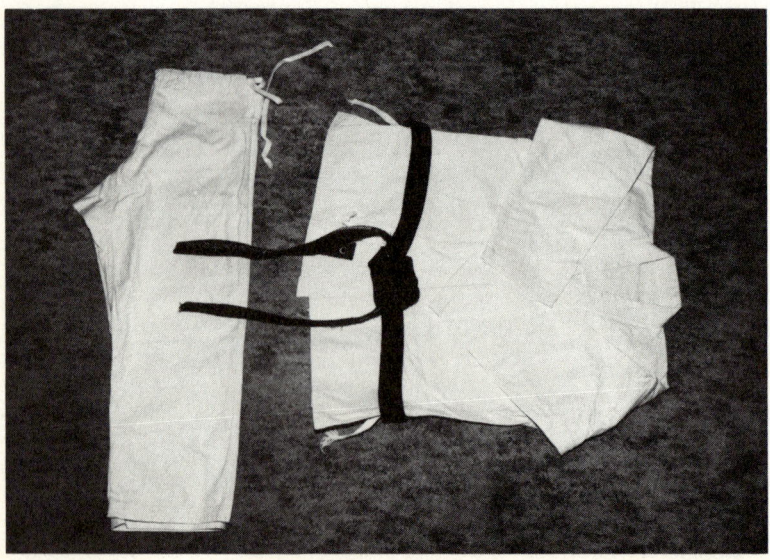

linke Seite über die rechte Seite gelegt. Die Jacke hat an jeder Seite zwei Bänder, die mit einem Knoten oder einer Schleife zusammengebunden werden. Als letztes wird der Gürtel, dessen Farbe dem jeweils erreichten Grad entsprechen soll, umgebunden. Man legt den Gürtel mit der Mitte vor den Bauch und überkreuzt beide Enden am Rücken. Vorn wird nur ein Ende des Gürtels von oben durch beide Gürtelteile und dann unten wieder herausgezogen. Die Gürtelenden werden zum Knoten gebunden. Wenn sich der Knoten zusammendrücken läßt, erfüllt er seine Funktion, vor Verletzungen zu schützen.

Es sollten Badesandalen oder ähnliches Schuhwerk angezogen werden, um von der Umkleidekabine in die Halle gehen zu können, ohne schmutzige Füße zu bekommen.

Für längerdauernde Wettkämpfe empfiehlt sich ein Trainingsanzug zum Warmhalten. Für den normalen Trainingsablauf oder Lehrgänge ist er nicht notwendig, da keine zusätzliche Erwärmung erforderlich ist.

Schützer sind außer bei bereits vorhandenen Verletzungen nicht nötig. Normalerweise sind beim Wettkampf nur ein Mundschutz und der Tiefschutz (bei Frauen ein Brustschutz) erlaubt.

Vielfach werden kleine Hanteln, Schlagbretter (*Makiwara*) oder ähnliches Zubehör angeboten. Solche Hilfsmittel sind beim regulären Training nicht notwendig. Außerdem beherrscht ein Anfänger die Techniken ohnehin noch nicht ausreichend genug, um ohne Trainer üben zu können.

Da Karate barfuß und in direktem Kontakt mit einem Partner ausgeführt wird, sollen Körper und Kleidung immer sauber sein. Dies verlangt der Respekt vor dem Partner. Daher gehören Seife und Handtuch zur notwendigen Ausrüstung.

Karate als Selbstverteidigung

Die allgemeine Regel für jeden Karateka heißt: *Anwendung einer Karatetechnik nur in Notwehrsituationen!*
So kommt jedem, der diese Sportart betreibt, große Verantwortung zu, da er in der Lage ist, bei anderen schwere gesundheitliche Schäden zu bewirken, eventuell sogar den Tod. Es gilt, erst dann eine Selbstverteidigungstechnik anzuwenden, wenn zur Lösung einer bedrohlichen Situation kein anderer Weg mehr offensteht. Dabei hat jeder Karateka in erhöhtem Maße die Gesundheit seines Gegners zu berücksichtigen, d. h. immer der Situation angemessen zu handeln.
Allerdings besteht in der Anwendung des Karate als Mittel der Selbstverteidigung ein prinzipielles Problem: Jeder, der Karate als Sport versteht

und betreibt, erwirbt durch Training und Wettkampf nicht unbedingt eine
Haltung, die nötig ist, sich z. B. einem skrupellosen Schläger entgegenzu-
stellen; dies ist auch nicht das Ziel eines sportlichen Karatetrainings. Viele
Karateka überschätzen sich in dieser Hinsicht sehr; denn wer im Training
niemals besonders hart und mit ungewöhnlichen Techniken kämpft, der ist
zum einen auf karatemäßige Techniken fixiert und reagiert auf andere
Techniken, wie Haken oder Schwinger, meist verkehrt.

Welche Techniken im ‹Ernstfall› angemessen sind, läßt sich nicht generell
beantworten. Normalerweise wird jeder die Technik anwenden, die er am
besten beherrscht. Dabei ist es aber unumgänglich zu wissen, wo die *vitalen
Punkte* eines Menschen liegen und welche Gefahren damit verbunden sind,
sie zu treffen (vgl. 142f). Da ein Karateka weiß, welche Körperstellen besonders angreifbar sind, muß er in erhöhtem Maße Rücksicht auf die Gesundheit des Angreifers nehmen. Er darf ihn also nicht ernsthaft verletzen,
wenn die gleiche Wirkung auch mit einer weniger gefährlichen Technik zu
erreichen ist. Ein Karateka sollte nie zuerst angreifen. Dies wäre ein Ver-
stoß gegen die Grundsätze des Karate und würde den Weg verbauen, ein
‹wirklicher› Karateka zu werden.

Frauen haben normalerweise nicht genug Kraft, sich gegen Männer vertei-
digen zu können. Sie dürfen deshalb keinen Moment zögern, ihre ganze
Energie und Kraft zu sammeln und auf den Augenblick ihrer Verteidigung
zu konzentrieren. Frauen sollten besonderes Gewicht auf eine gute Technik legen und konsequent die vitalen Punkte ausnutzen. Wenn eine Frau
sich nicht mit ihrer ersten Aktion erfolgreich verteidigt, hat sie meist kaum
noch Chancen.

Vitale Punkte

Wegen der zum Teil beträchtlichen Gesundheitsgefährdung beim Treffen
der vitalen Punkte werden im sportlichen Wettkampf die Techniken vor
dem Auftreffen abgestoppt. Unter Selbstverteidigungsaspekt sollte man
sich daher die möglichen Folgen verdeutlichen und entsprechend vorsichtig
und verantwortlich handeln (vgl. S. 88).

Vitale Punkte sind, wie das Wort bereits ausdrückt, lebenswichtige Punkte.
Diese Stellen spielen bei der Akupunktur, der Akupressur, beim *Shiatsu*
(japanische Form der Wiederbelebung) usw. eine große Rolle. Druck auf
diese Punkte kann Körperfunktionen anregen oder vermindern. Über
vitale Punkte können z. B. Atemtiefe, Herzschlagfrequenz, Durchblutung,
Nervenimpulse usw. beeinflußt werden.

So kann es bei einem Schlag auf den *Kehlkopf* oder die *Kehlkopfgrube* zur
Versperrung der Atemwege kommen. Durch Reizung des Vagusnervs können Blutdruckschwankungen und eine Verlangsamung der Herzfunktion
bis hin zum Herzstillstand eintreten. Dies führt zu einer Mangelversorgung
des Gehirns mit Sauerstoff und möglicherweise damit zur Bewußtlosigkeit.

Vitale Punkte
(*Kyusho*)

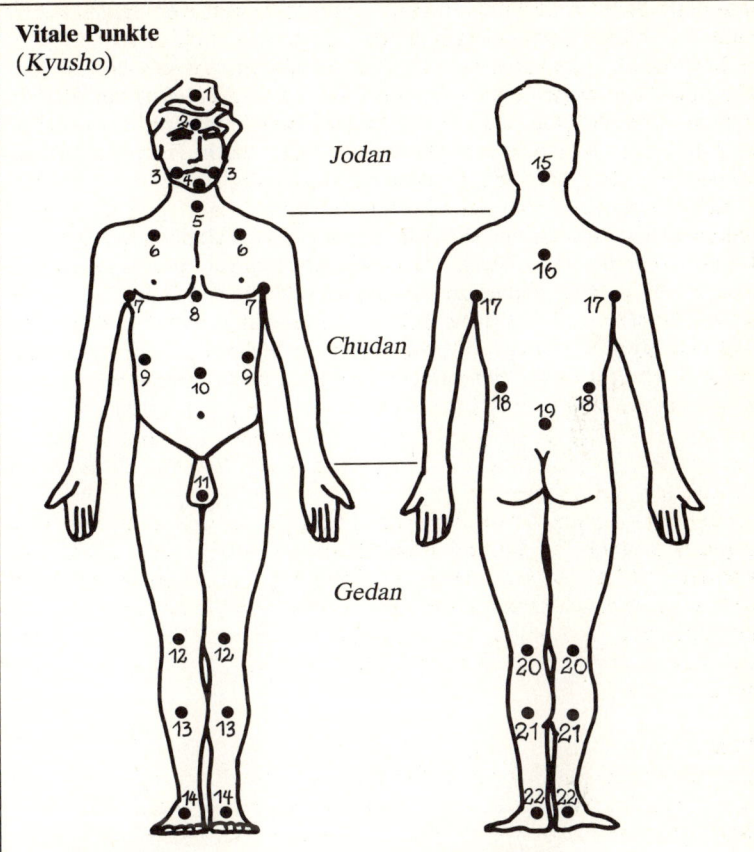

1 Vordere Fontanelle
2 Nasenwurzel
3 Unterkiefer
4 Kinnspitze
5 Kehlkopf
6 Schlüsselbein
7 Achselhöhle
8 Solarplexus
9 Kurze Rippen
10 Magen
11 Hoden
12 Kniescheibe
13 Schienbein
14 Spann

15 1. Halswirbel
16 7. Brustwirbel
17 Achselhöhle
18 Nieren
19 Kreuzbein
20 Kniekehle
21 Wade
22 Achillessehne

Angriffsstufen
Jodan: Obere Stufe
Chudan: Mittlere Stufe
Gedan: Untere Stufe

Der vitale Punkt Kehlkopf kann mit allen *Tsuki*- oder *Keri*-Techniken sowie mit *Nukite* angegriffen werden.

Trefferwirkung in der *Achselhöhle* zeigt sich nur durch Techniken mit kleiner Trefffläche, z. B. *Nukite, Maegeri* oder *Ippon Ken*. Es kann dabei zu einer Aderquetschung, einer Stauchung des Schultergelenks und wohl als Wichtigstes zur Lähmung von Nerven kommen, weil die Nerven gegen den Oberarmknochen gedrückt werden, was die Beweglichkeit des Arms einschränkt.

Der *Solarplexus* kann mit allen *Tsuki*- und *Keri*-Techniken sowie *Haito, Teisho, Uraken* und *Tettsui* getroffen werden. Der Solarplexus ist ein Nervengeflecht in der Magengrube, das bei Einwirkung von außen Falschmeldungen an das vasomotorische Zentrum gibt. So kann es zu Störungen der Blutzirkulation kommen. Die dadurch bedingte Mangelversorgung des Gehirns kann zur Bewußtlosigkeit führen; auch ein Atemstillstand ist möglich.

Kondition

Konditionelle Eigenschaften
des Karateka

Das spezifische Anforderungsprofil im Karate im Hinblick auf die Gewichtung der einzelnen konditionellen Eigenschaften sieht wie folgt aus:

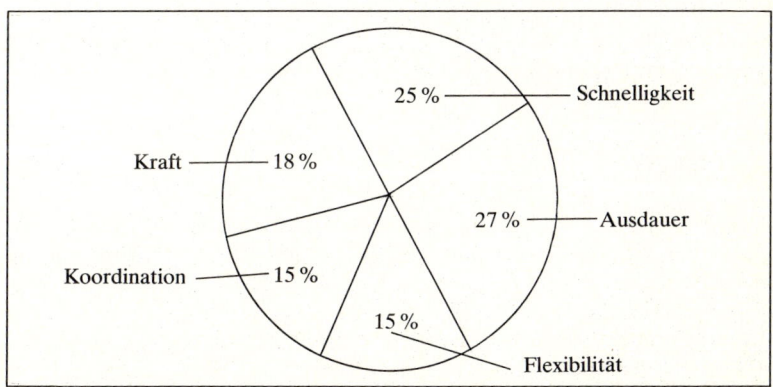

Im Karate ist immer ein Kompromiß zwischen Kraft, Ausdauer und Schnelligkeit nötig. Die vorrangigen Fähigkeiten sind die Kraft- und die Schnelligkeitsausdauer sowie die Bewegungsschnelligkeit und die Reaktionsschnelligkeit. Daher müssen die beiden anaeroben Komponenten

Kraft und Schnelligkeit mit der aeroben Komponente Ausdauer in einem ausgewogenen Verhältnis trainiert werden.

Da es im Karate keine Saison gibt, erscheint es nicht sinnvoll, die einzelnen Eigenschaften separat zu trainieren, da sonst die jeweils nicht trainierten Bereiche immer zu kurz kämen. Daher wird eine breite Ausbildung angestrebt.

Beim Beginn des Trainings wird (anaerob) eine Sauerstoffschuld eingegangen; je besser jemand trainiert ist, desto größer kann diese Sauerstoffschuld sein. Die Trainingsarbeit wird ein bis zwei Minuten lang allein über die Energiereserven geleistet. Erst dann wird die Sauerstoffaufnahme zum bestimmenden Faktor. Das bedeutet, daß es möglich ist, einen Karate-kampf (*Kumite*), der zwei bis drei Minuten dauert, ohne besondere aerobe Fähigkeiten durchzustehen. Das gleiche gilt für die Disziplin *Kata*. Da eine kurze *Kata* ungefähr 30 Sekunden dauert, ist es im Katawettkampf, wenn nur eine *Kata* gezeigt wird und dann eine Pause folgt, möglich, nur anaerob zu arbeiten. Eine schlechte Kondition, die sich im Training störend auswirkt, entscheidet daher nicht unbedingt über die Wettkampfleistung eines Karateka – jedenfalls nicht bei großen, langdauernden Veranstaltungen, die für den einzelnen Kämpfer viele Pausen mit sich bringen. Sind jedoch viele Kämpfe pro Veranstaltung zu absolvieren oder zwei Kämpfe hintereinander, so macht sich das Maß der Ausdauer bemerkbar, denn sie beeinflußt auch Konzentration und Reaktionsfähigkeit.

Konditionstraining

Ausdauer

Eine Form der Ausdauerfähigkeit des Karateka ist die *lokale anaerobe* Ausdauer, d. h. die Ausdauer einer kleinen Muskelgruppe, z. B. nur die der Arme oder Beine.

Übungsformen (vgl. hierzu die entsprechenden Beschreibungen im Kapitel «Wettkampftechniken»)
– 10mal *Maegeri* mit dem gleichen Bein,
– 10mal *Mawashigeri* mit dem gleichen Bein,
– 10mal *Sokuto* mit dem gleichen Bein,
– 5mal *Tobikomizuki* mit dem gleichen Arm,
– 5mal *Nagashizuki* mit dem gleichen Arm.
Diese Serien werden mehrmals wiederholt.

Daneben spielt die *allgemeine aerobe* Ausdauer, die die Widerstandsfähigkeit gegen Ermüdung bei Gesamtkörperbewegungen erhöht, eine Rolle.

Übungsformen
- Dauerläufe,
- Intervalläufe,
- Fahrradfahren,
- mehrere Kämpfe hintereinander.

Auch der *allgemeinen anaeroben dynamischen* Ausdauer oder *Schnelligkeits*ausdauer, bei der anaerobe Arbeit mit dynamischer Beanspruchung bei maximaler bis submaximaler Schnelligkeitsintensität geleistet wird, kommt Bedeutung zu. Sie bezieht sich auf zyklische Bewegungen, wie sie durch die Aneinanderreihung gleicher Techniken im *Kihon* gegeben ist.

Übungsform
- Rhythmisches Vorgehen mit der gleichen Technik mehrere Bahnen lang (mit allen Grundtechniken).

Schnelligkeit

Es gibt die *Bewegungsschnelligkeit* und die *Reaktionsschnelligkeit*. Diese beiden Formen der Schnelligkeit sind unabhängig voneinander: Man kann reaktionsschnell, aber langsam in der Bewegung sein.
Bewegungsschnelligkeit bezieht sich auf Ganzkörper- und Teilkörperbewegungen. Sie ist weitgehend anlagebedingt, was die Schnelligkeit der Zusammenziehung der Muskulatur und die Reizübertragung in den Nerven betrifft. Die Kraft der Muskeln und ihre Koordination, die die Bewegungsschnelligkeit beeinflussen, sind gut trainierbar.
Ob die Schnelligkeit auch von den anthropometrischen Merkmalen, die die Hebelverhältnisse des Körpers bestimmen, abhängt, ist noch nicht erwiesen.
Die Reaktionsschnelligkeit hängt vom Wahrnehmungsvermögen und der Fähigkeit ab, die Aktionen des Gegners früh einschätzen zu können (Antizipation). Voraussetzung hierfür ist eine genaue Kenntnis der möglichen Bewegungsabläufe, wodurch die Ungewißheit der Kampfsituation verringert wird. Die Reaktionsschnelligkeit kann durch Erweiterung der Bewegungserfahrung verbessert werden.
Vor dem Training muß die Muskulatur durch Gymnastik erwärmt werden, da die Elastizität und Entspannungsfähigkeit der Muskeln Voraussetzungen für die Schnelligkeit sind.

Übungsformen zur Bewegungsschnelligkeit
– Training am Sandsack mit mehreren Techniken hintereinander,
– häufige Wiederholung von Techniken, um die Zeit für die Bewegungsausführung zu verringern,
– alle Übungen, die die Koordination verbessern (vgl. S. 33),
– alle Übungen, die die Kraft erhöhen (vgl. S. 32 f).

Übungsformen zur Reaktionsschnelligkeit
– Auf ein Signal hin starten,
– auf das Ansagen von Techniken hin reagieren,
– auf Situationsveränderungen reagieren, z. B. verschiedene Angriffe mit
dem gleichen Konter beantworten,
– auf den gleichen Angriff mit verschiedenen Kontertechniken antworten,
– Partnerübungen (*Yakusoku Kumite, Sanbon Kumite, Jiyu Kumite*,
siehe S. 116ff).

Beide Arten von Schnelligkeit können z. B. durch folgende Übungen trainiert werden:
– Im Kreis stehen, einer steht in der Mitte und wird von den anderen der
Reihe nach mit einer festgelegten Technik angegriffen, auf die er jeweils
so schnell wie möglich reagieren muß,
– im Kreis, die Angreifenden sagen vor dem Angriff eine beliebige Angriffstechnik an,
– im Kreis stehen, die verschiedenen Angriffstechniken werden jeweils auf
Ankündigung hin in beliebiger Reihenfolge durchgeführt.

Kraft

Die im Karate benötigten Kraftarten sind die *Schnellkraft* und die *Kraftausdauer*. Dabei werden die Methoden der isotonischen (dynamischen)
Muskelspannung (bei sich verändernder Muskellänge bleibt die Muskelspannung gleich) und die auxotonische Muskelspannung (sowohl Muskellänge als auch Muskelspannung verändern sich) angewendet. Die Techniken im Karate gehören zum explosiv-reaktiv-ballistischen Bewegungstyp,
d. h. bei maximalem Krafteinsatz für eine geringe Last wird die Bewegung
mit einer vorausgehenden Phase starker Dehnung ausgeführt (Ausholbewegungen, *Hikkite*).

Übungsformen zur Schnellkraft
– Fußtechniken mit Eisenschuhen,
– Fausttechniken langsam und kraftvoll ausführen,
– Fußtechniken im Endpunkt stehen lassen.

Übungsformen für die Kraftausdauer
- Positionswechsel mehrfach hintereinander mit und ohne Technikausführung,

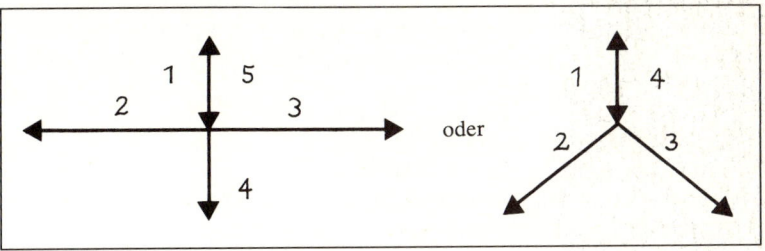

- *Maetobigeri* und andere Sprungtechniken,
- kräftiges Ausführen von Techniken im Vorgehen mit *Kiai*,
- mehrmaliges kräftiges Ausführen von Techniken, z. B. 5mal *Maegeri*, Serie mehrmals wiederholen.

Koordination

Koordination ist das Zusammenwirken von Zentralnervensystem und Muskulatur, um ein optimales Verhältnis von zeitlichen und räumlichen Merkmalen herzustellen.
Zur Koordination zählen u. a. die Bewegungsökonomie, die Bewegungsadaption, die Bewegungspräzision, das Gleichgewicht, die Wendigkeit und das Kombinationsvermögen.
Um eine gute Koordination zu erreichen, ist es unerläßlich, immer wieder speziell auf die jeweilige Sportart abgestimmte Übungen zu trainieren.

Übungsformen
- Große Anzahl von Wiederholungen einzelner Techniken (*Kihon*),
- Kombination einzelner Techniken,
- Zielübungen am Partner,
- Zielübungen an einem kleinen *Makiwara*,
- häufige Bewegungsrichtungsänderung (siehe *Kata*, S. 101 ff).

Flexibilität

Unter Flexibilität wird hier die *Bewegungsflexibilität* (Beweglichkeit) und die *Flexibilität im Denken*, d. h. beim Abruf von Bewegungsmustern, verstanden. Bei der Beweglichkeit unterscheidet man zwischen der dynamischen Beweglichkeit bei schnellen Übungen und der spezifischen Beweglichkeit von besonderen Körperteilen.

Übungsformen zur Bewegungsflexibilität
– Aktives Dehnen,
– passives Dehnen durch Partnerhilfe,
– Ausnutzen des vollen Bewegungsumfangs bei den Techniken, z. B. *Jodan* treten, Hüftbewegungen bei Blocktechniken und Ausweichbewegungen, hinteres Bein im Stand immer ganz strecken usw.

Übungsformen zur Flexibilität (Denken)
– Auf unterschiedliche Situationen reagieren,
– Übungen am Karatedummy (auf an unterschiedlichen vitalen Punkten aufleuchtende Lämpchen mit einer angemessenen Technik reagieren),
– *Randori* (vgl. S. 123),
– *Jiyu Kumite* (vgl. S. 123).

Gymnastik

Zur Zeit werden an japanischen Universitäten zahlreiche Forschungen zur Karate-Gymnastik durchgeführt; es sind aber noch keine konkreten Ergebnisse bekannt. Gymnastikübungen und -ausführungsarten geraten zunehmend auch bei uns in die Kritik, da das Übungsgut zum Teil nur traditionell und nicht physiologisch-anatomisch funktionell begründet wird (siehe hierzu KNEBEL 1986).
Eine gute Karate-Gymnastik ist die wichtigste Voraussetzung für ein effektives Training. Die einzelnen Übungen müssen funktionell ausgeführt werden, viele Muskelgruppen und alle Extremitäten in bestimmter Zusammensetzung ansprechen, und die Intensität muß zu einer kontinuierlichen Steigerung der Belastung innerhalb der Gymnastik führen. Grundsätzlich gilt: Erwärmung wird von außen nach innen durchgeführt, d. h., zunächst werden immer die Extremitäten und dann der Rumpf belastet. Es ist unerläßlich, daß jeder Trainer sich bei der Gymnastik die Wirkungen der einzelnen Übungen bewußt macht, um sie dann speziell auf die Anforderungen des Karate und besonders auf den Schwerpunkt des jeweiligen Trainings

abzustimmen. In der Praxis demonstriert der Trainer die einzelnen Übungen, und die Schüler imitieren sie. Dabei zählt der Trainer auf japanisch und gibt Rhythmus und Intensität der Übungen an.

Eine gute Karate-Gymnastik durchzuführen ist eine anspruchsvolle Aufgabe. Die im folgenden dargestellte Gymnastik ist eine Allround-Gymnastik, die keinen besonderen Schwerpunkt setzt.

Übungen

1

- Mit den Fingern kräftige Greifbewegungen ausführen (10–20mal);
- Die Arme nach vorn strecken, Handinnenflächen aneinanderlegen und die Hände zum Körper heranziehen, die Handinnenflächen zweimal gegeneinanderdrücken (Foto 1), dann die Bewegung mit über den Kopf gestreckten Armen wiederholen (Foto 2) (10mal);

2

- Eine Hand umfaßt das Handgelenk der anderen; nun wird versucht, gegen diesen Widerstand die Hand im Handgelenk zu drehen (Foto 3) (10mal);
- Die Hände 10mal so ausschütteln, daß die Handgelenke stark nach innen und außen gebeugt werden;
- Aus dem schulterbreiten Stand von den Fußinnen- auf die Fußaußenseiten wechseln (10–20mal);

3

- Die Knie kräftig nach vorn schwingen und dabei auf die Zehenspitzen stellen (Foto 1) (10–15mal);
- Fuß im Gelenk drehen, mehrmals rechts- und linksherum, dann Wechsel (Foto 2) (10mal);
- Kopfkreisen im Wechsel rechts- und linksherum (10mal);
- Kopf vor- und zurücknehmen (10mal);
- In die Hocke gehen und wieder aufrichten, dabei Hände auf den Knien lassen (10mal);
- Kniekreisen (Foto 3) (10–20mal);
- Weiter Ausfallschritt, ein Bein strecken und Knie durchdrücken mit Nachfedern im Wechsel (Foto 4) (10–20mal);

- Wie vorher, nur tiefer heruntergehen, nachfedern (Foto 1) (10mal
  mit jedem Bein);
- Tiefer Ausfallschritt, rhythmisch
  federn (Foto 2) (10mal mit jedem
  Bein);
- Hüftdrehen (10–15mal zu jeder
  Seite);
- Ausfallschritt nach vorn, dabei die
  Arme seitlich gebeugt anziehen,
  dann das vordere Bein zurücknehm-
  men und die Arme weit gestreckt
  zur Seite schwingen (Fotos 3 und
  4) (20mal);

- Arme mit verschränkten Händen
  nach oben strecken, Handinnenflächen zeigen nach oben (Foto 1)
  (10–15mal);
- In die Hocke gehen, Arme am
  Körper; dann den Körper strek-
  ken und die Arme nach oben nehmen (auf Zehenspitzen stehen),
  die Fersen wieder aufsetzen, die
  Arme herunternehmen und wieder vorschwingen (Fotos 2 bis 4)
  (10–20mal);

- Grätschstellung; mit den Finger-
  spitzen links-rechts (rechte Hand
  vor linkem Fuß und umgekehrt)
  den Boden berühren (Foto 1)
  (20mal);
- Grätschstellung; die Arme im
  Wechsel seitlich hochschwingen
  (Foto 2) (20mal);
- Grätschstellung; die Arme gegen-
  gleich vor- und zurückschwingen
  (Foto 3) (20mal);
- Nach hinten und wieder nach vorn
  unten beugen mit Nachfedern
  (Foto 4) (10–20mal);
- Rumpfkreisen (10–15mal);

1

2

4

3

- Hüften seitlich dehnen (Foto 1) (10–15mal);
- Hüften vorstrecken und wieder beugen (Foto 2) (10–15mal);
- Hüftkreisen (10–15mal);
- Die Arme mit Drehung der Hüften waagerecht um den Körper schwingen (10–15mal);
- «Hampelmann»; die Arme sind in der Endposition (d. h. im Wechsel waagerecht bzw. über dem Kopf), wenn die Beine in der Luft sind (10–20mal);
- Auf dem Boden sitzen; bei gegrätschten Beinen den Kopf nach vorn und zu jeder Seite nehmen (Foto 3) (10–15mal);
- Fußsohlen im Sitz mit angewinkelten Beinen aneinanderlegen und mit der Stirn vor den Füßen den Boden berühren, Knie auf den Boden drücken (Foto 4) (10–20mal);

- Im Sitz mit dem rechten und linken Fuß die Stirn im Wechsel berühren (Foto 1) (10–20mal);
- Strecksitz; den Kopf auf die Knie legen (20–30mal);
- Bauchlage; mit den Füßen und dem Kopf gleichzeitig hochfedern (10–15mal);
- Rückenlage; langsames Beinkreisen mit weit gegrätschten Beinen von innen nach außen und umgekehrt (je 10–20mal);
- Rückenlage; Beine geschlossen hoch- und herunternehmen (10–15mal);
- Liegestütz mit gegrätschten Beinen; von hinten nach vorn und umgekehrt durchrollen (Fotos 2 und 3) (je 20mal);
- Liegestütz mit Einknicken auf je einer Seite im Wechsel (20mal);

1

2

3

2

1

3

– Im Stand ein Bein hoch nach vorn strecken, ganz langsam im Kreis nach hinten führen, dabei das Standbein nicht bewegen, Gleichgewicht halten (Fotos 1 bis 3) (5mal mit jedem Bein);
– Im Sitz gegenüber die Beine beim Partner einhaken, Rumpfkreisen (Foto 4) (20mal jede Seite), dann 20 Rumpfbeugen;

4

- 10mal *Tsuki* (Fauststoß) im Liegen mit unter den Körper gezogenen Beinen ausführen (Foto 1);

1

- Partner huckepack nehmen und 10mal Fußtritt nach vorn mit jedem Bein ausführen; anschließend Partnerwechsel (Foto 2);
- Mit Partner auf den Schultern ein Bein anwinkeln und hochziehen, bis man die Fußsohle sehen kann (Foto 3) (20mal mit jedem Bein; anschließend Partnerwechsel);

2   3

- Grätschstellung; mit Partner auf dem Rücken 10mal Knie beugen und wieder aufrichten – der Rücken soll gerade bleiben, dann Partnerwechsel (Foto 1);
- Der Partner hält das Bein in der Position Fußtritt nach vorn fest. Von weit hinten mit dem Kopf auf das Knie nach vorn federn (Foto 2 und 3) (20mal; anschließend Wechsel);
- Wie vorher, nur mit dem Bein in Kopfhöhe;

– Der Partner hält das Bein in der Position des seitlichen Fußtritts fest. Von weit hinten 20mal mit dem Kopf nach vorn auf das Knie federn (Foto 1 und 2);
– Wie vorher, nur mit dem Bein in Kopfhöhe;
– Die Partner sitzen sich mit gegrätschten Beinen gegenüber und ziehen sich im Wechsel mit zwei- bis dreimaligem Nachfedern hin und her (20mal);
– Ein Partner sitzt mit gegrätschten Beinen auf dem Boden, der andere drückt von hinten gegen die Schultern, so daß der Kopf 10–15mal die Knie berührt: erst rechts, dann links, dann Mitte (Foto 3) (5 Durchgänge, danach Partnerwechsel);
– Bauchlage; der Partner hält die Füße fest. Nun mit dem Oberkörper 10–20mal aufrichten, danach Partnerwechsel;

1

2

3

– Bauchlage; der Partner sitzt auf dem Gesäß des Übenden und zieht ihn mit Griff unter den Achseln 10mal hoch, danach Partnerwechsel (Foto 1);

– Ein Partner sitzt mit angewinkelten Beinen auf dem Boden, die Fußsohlen sind aneinandergestellt; der andere steht auf seinen Knien und drückt seine Schultern nach vorn unten (Foto 2) (10–20mal; danach Partnerwechsel);

– Ein Partner in Rückenlage, die Beine überkreuz – das obere ist angewinkelt. Der andere drückt das Knie des angewinkelten Beins nach unten und hält die Schulter der anderen Seite am Boden (Foto 3) (jedes Bein 10mal; danach Partnerwechsel);

– Ein Partner sitzt im Strecksitz, der andere legt sich mit seinem Rücken auf dessen Rücken weit herüber (Foto 4) (10–15mal mit Nachfedern; danach Wechsel; insgesamt 5–10 Durchgänge);

- Aus dem Stand jedes Bein 10–20mal nach vorn hochschwingen;
- Aus dem Stand jedes Bein seitlich 10–20mal hochschwingen;
- Aus dem Stand jedes Bein 10–20mal nach hinten hochschwingen;
- Aus dem Stand jedes Bein von außen nach innen oben hochschwingen, dann in umgekehrter Richtung von innen nach oben außen (Foto 1 und 2) (jede Richtung 20mal im Wechsel).

1

2

Diese Gymnastik dauert etwa 35–40 Minuten, wenn die Übungen ohne Pause ausgeführt werden. Welche Belastungen bei dieser Gymnastik auftreten, hängt von der Intensität und Exaktheit der Ausführung dieser Übungen ab. Ein Untrainierter ist mit dieser Gymnastik sicherlich überfordert, doch hebt sich die Überforderung insofern auf, als er gar nicht in der Lage sein wird, alle Übungen in der angegebenen Häufigkeit auszuführen. Diese Gymnastik kann daher ohne Bedenken durchgeführt werden.

Technik

Zur Biomechanik des Karate

Karatebewegungen bestehen aus einer Kombination von *Rotationen* (Drehungen um einen Punkt) und *Translationen* (geradlinige Vorwärtsbewegungen). Zum Beispiel sind beim *Gyakuzuki* (Fauststoß nach vorn) Rotationsbewegungen das Drehen der Hüfte und der Faust, die gleichzeitig mit der Translation, d. h. der Vorwärtsbewegung des Körpers und der Faust, ausgeführt werden. Beim *Hikkite* (dem Zurückziehen der Faust) kommen eine weitere Rotation und Translation hinzu. Beim *Maegeri* zum Beispiel liegen die Translationen im Anheben des Knies, und die Rotation kommt durch das eigentliche Treten, durch die Drehung im Kniegelenk zustande, wobei der Unterschenkel in einer kreisförmigen Bewegung von unten nach vorn oben schlägt (vgl. S. 60f).

Beim *Maegeri* bildet der Unterschenkel den Hebel und das Knie die Drehachse. Hebel sind am wirksamsten, wenn sie am äußersten Punkt angreifen. Daher ist es am günstigsten, wenn der *Maegeri* mit den Zehen bzw. dem Fußballen trifft, da so das Drehmoment groß ist.

Damit die Geschwindigkeiten der Gliedmaßen möglichst hoch sein können, werden die Trägheitsmomente klein gehalten. Dies geschieht zum Beispiel durch das Beugen des Arms vor dem *Tsuki*, das Hochziehen des Knies vor dem *Keri* oder die Drehung auf der Stelle beim *Ushirogeri* (vgl. S. 66). Dadurch werden die benötigten Kräfte klein gehalten.

Im Stand sollte der Körperschwerpunkt im Mittelpunkt der Stützfläche liegen, um eine stabile Haltung zu ermöglichen. Beim Angriff wird er dann nach vorn verlagert. Im Karate wird großer Wert auf den Stand (*Dachi*) gelegt. Der Stand bestimmt den Schwerpunkt und die Stützfläche. Durch einen breiten Stand ist die Stützfläche groß. Beim Angriff spielt dann die statische Stabilität nur noch eine untergeordnete Rolle: Der breite Stand wird aufgegeben zugunsten eines schnellen Starts. Beim Treffen der Technik dagegen ist eine stabile Stellung zur Kompensation des Rückstoßes wichtig. Tiefe Stellungen mit breiten Ständen und tieffliegendem Körperschwerpunkt bewirken ein stabiles Gleichgewicht, sind aber für das schnelle Starten ungünstig. Das entspricht einem alten Streit im Karate: Was ist wichtiger – die größere Stabilität des niedrigen Standes oder die Möglichkeit des schnellen Startens beim hohen Stand? Dieses Problem haben die einzelnen Stilrichtungen intern bereits gelöst, indem die einen (*Shotokan*) die tiefen und die anderen (*Wado-Ryu*) die hohen *Dachi* und viele Schwerpunktverlagerungen bevorzugen.

Bei *Junzuki* und *Gyakuzuki* entsteht im Vorgehen eine kurze Phase des labilen Gleichgewichts, was dann beim Absetzen wieder in ein stabiles Gleichgewicht übergeht (dies wird zumindest angestrebt). Beim *Maegeri* haben wir im Moment des Auftreffens die Phase des größten labilen Gleichgewichts. Durch Senkung des Körperschwerpunkts und dessen Lokalisation über der Unterstützungsfläche ist die Stabilität höher. Dies wird z. B. durch einen tiefen Stand oder das Einknicken des Standbeins beim *Maegeri* erreicht.

Die höchsten Geschwindigkeiten der Techniken liegen nach ca. 80–85 Prozent des zurückgelegten Wegs einer Technik. Dann wird die Bewegung abgebremst. Bei Anfängern liegt der höchste Wert bei ca. 60 Prozent.

Im Karate werden fast ausschließlich zentrale Stöße angewendet, d. h., die Stoßrichtung läuft gerade weiter. Im Gegensatz zum Boxen wird am Ende einer Fausttechnik eine Drehung ausgeführt, wodurch die Kraft nicht gerade in den Körper übertragen wird, sondern eine vorwärts rotierende Bahn beschreibt, was die Wirkung zusammen mit dem hohen Druck durch die kleine Treffffläche erhöht.

Zur Bedeutung der Atmung

In allen fernöstlichen Kampfsportarten und Bewegungskünsten wird großer Wert auf die richtige Atmung gelegt. Dabei spielt die Atmung nicht nur physiologisch als Mittel der Sauerstoffaufnahme eine Rolle, sondern ebenso als psychisch-rhythmische Hilfe zur Konzentration und Bewegungsrealisation.

Eingeatmet wird durch die Nase, wobei die Bauchatmung angewendet wird (Tiefatmung); es ist wichtig, daß nicht willkürlich (unangemessen) stark ein- und ausgeatmet wird, sondern daß man lernt, automatisch genauso intensiv zu atmen, wie es die entsprechende Tätigkeit erfordert (nach HER-RIGEL atmet «Es», nicht ich). Das richtige Atmen muß so lange geübt werden, bis es spontan und wie selbstverständlich abläuft.

Kurz vor und bei Ausführung jeder Technik wird durch Mund und Nase ausgeatmet, dabei kann und soll der *Kiai* (Kampfschrei) Ausatmung und Ausführung begleiten. Dadurch wird die Atemtechnik intensiviert, der Körper in Spannung versetzt und die Konzentration gebündelt («Kiai» bedeutet soviel wie Harmonie von Körper und Geist).

Beim Erlernen der richtigen Atmung ist es wichtig, darauf zu achten, daß man sich nicht auf die Tätigkeit des Atmens konzentriert und so die Atmung die Bewegung dominieren würde, sondern daß die Konzentration auf der Bewegung liegt und die Atmung nur beobachtet, nicht aber bewußt beeinflußt wird. Im Training wird die Atmung bewußt über den Rhythmus der Techniken gesteuert, z. B. durch Übungsformen, wie sie in der Kraft-kata *Seishan* vorkommen. Dabei wird langsam bei gleichzeitiger Anspannung der Körperteile ausgeatmet, und zwar stoßweise, so daß die Muskelspannung während der gesamten Ausatemphase auf dem gleichen Niveau bleibt.

Wettkampftechniken

Im folgenden soll ein Überblick über die verschiedenen Arten von Techniken (Fertigkeiten) und deren Vielfalt gegeben werden. Hier sind die am häufigsten benutzten Techniken dargestellt, da sie relativ einfach zu erlernen sind und am Anfang eines Karatetrainings stehen; die Techniken werden idealtypisch gezeigt. Eine Ausführung in der beschriebenen Form ist am effektivsten, da die Erfahrungen zahlreicher Kämpfer und auch biomechanische Analysen in die Bewegungsbeschreibung integriert sind.

Es gibt
- Fausttechniken (*Tsuki Waza*),
- Fußtechniken (*Keri Waza*),
- Blocktechniken (*Uke*),

Kombinationen von Block und Konter
- Fußfeger und Würfe (*Ashi Barai/Nage*),
- Ausweichbewegungen (*Tai-Sabaki*).

Die zwei ersten Gruppen gehören zu den «harten» (*Go*)Techniken. Blocktechniken können sowohl aus harten Blocks (z. B. *Age Uke, Uchi Uke*) als auch aus «weichen» (*Jyu*)Techniken (z. B. *Haishu Uke*) bestehen. Würfe, Fußfeger und Ausweichbewegungen gehören zu den *Jyu*-Techniken.

Da im sportlichen Wettkampf nicht alle Techniken erlaubt sind, ist eine Unterscheidung in *Wettkampf-* und *Selbstverteidigungstechniken* sinnvoll. Die Techniken werden häufig mit einem Zusatz versehen, der die Angriffsstufe angibt. Angriffsstufen stellen eine grobe Einteilung des Körpers in Zonen dar:

- *Jodan* ist die oberste Angriffsstufe, d. h. die Kopfregion;
- *Chudan* ist die mittlere Angriffsstufe, die sich vom Hals bis zum Gürtel erstreckt;
- *Gedan* ist die unterste Angriffsstufe und schließt die Füße und Beine bis zum Gürtel ein.

Soll der Angriffspunkt differenzierter bestimmt werden, ist die Angabe des entsprechenden *vitalen Punkts* üblich (vgl. S. 26ff).

- In allen folgenden Darstellungen ist der Karateka mit dem gestreiften Gürtel jeweils der Agierende, der die beschriebenen Techniken ausführt.

Fußstellung (*Dachi*)

Es gibt verschiedene Fußstellungen, die sich auf die unterschiedliche Stellung der Füße und die Verteilung des Gewichts beziehen. Fast alle hier beschriebenen Faust- und Fußtechniken (*Tsuki Waza / Keri Waza*) werden aus der Fußstellung *Zenkutsu-Dachi* ausgeführt.

Zenkutsu-Dachi
Der Fuß wird circa 70 bis 85 cm (ungefähr doppelte Schulterbreite) nach vorn gesetzt. Der Schwerpunkt liegt genau unter der Körpermitte. Das vordere Bein ist so gebeugt, daß der große Zeh nicht mehr zu sehen ist, d. h., der Unterschenkel steht vertikal zum Boden. Das hintere Bein ist gestreckt. Da das Körpergewicht zu etwa 60 Prozent auf dem vorderen Bein liegt, darf das hintere Bein nicht zu viel Spannung aufweisen. Die Füße stehen mit der gesam-

ten Fläche auf dem Boden, und der Rücken ist gerade. Hüfte und Schulter zeigen nach vorn. Die äußere Kante des vorderen Fußes zeigt genau nach vorn, und der hintere Fuß bildet ungefähr einen 45-Grad-Winkel zur Bewegungsrichtung.

Der *Zenkutsu Dachi* wird für nach vorn gerichtete Techniken wie Angriffe nach vorn und Blocks von Angriffstechniken von vorn benutzt. Zuerst wird grundsätzlich das Körpergewicht nach vorn verlagert, danach wird die jeweilige Technik ausgeführt. Je nachdem, welche Technik folgt, wird die Fußstellung leicht variiert; z. B. ist sie beim *Gyakuzuki* breiter als beim *Junzuki*, und beim *Junzuki No Tsukomi* ist sie enger und länger, während sie beim *Gyakuzuki No Tsukomi* breiter und kürzer ist.

Die Fußstellung sollte im Vor- und Zurückgehen beherrscht werden und daher auf einer geraden Linie so lange geübt werden, bis die einzelnen Ausführungen identisch realisiert werden können (dynamischer Stereotyp). Erst dann werden Techniken aus dieser Fußstellung heraus ausgeführt.

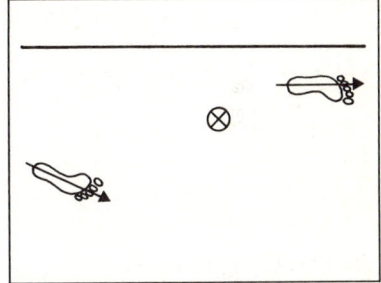

Übungsformen
Der *Zenkutsu Dachi* sollte zunächst im Vorgehen geübt werden. Hat sich der Karateka eine Bewegungsvorstellung gebildet und kann die Bewegung in der Grobform realisieren, dann ist es zum Erlernen der Gewichtsverteilung hilfreich, eine Übungsform durchführen zu lassen, bei der ein Partner huckepack genommen und dann mit dieser Fußstellung vor- oder zurückgegangen wird.
Alle Fußtechniken (*Keri Waza*) können ebenfalls mit Partner in dieser Form geübt werden.

Fausttechniken (*Tsuki Waza*)

Gyakuzuki
Der *Gyakuzuki* ist eine Fausttechnik aus *Zenkutsu Dachi* heraus. Die Stellung ist relativ breit und kurz. Wenn man mit dem linken Bein vorn steht, wird die Technik mit dem rechten Arm ausgeführt und umgekehrt. Das vordere Bein ist gebeugt, das hintere gestreckt. Die Faustinnenseite des

vorderen Arms zeigt nach unten. Die andere Faust liegt oberhalb der Hüfte am Körper und zeigt mit der Faustinnenseite nach oben. Dies ist die Ausgangsstellung. Nun wird das hintere Bein nach vorn gesetzt und die Hüfte schräg nach außen und nach vorn gedreht, während die Faust von der Hüfte nach vorn schlägt. Die andere Faust wird dabei zurückgezogen (*Hikkite*). Die Faust, die nach vorn schlägt, zeigt immer mit der Faustinnenseite nach unten, während die andere Faust mit der Faustinnenseite nach oben an der Hüfte liegt.

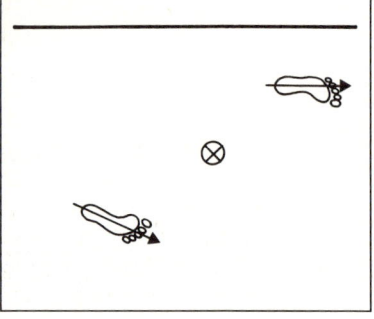

Gyakuzuki ist eine starke Angriffstechnik nach vorn, die durch den Hüfteinsatz eine große Beschleunigung erhält. Diese Technik kann in jeder Angriffsstufe ausgeführt werden.

○ Typische Fehler
– Die Fußstellung ist zu eng,
– die Hüfte wird nicht genug gedreht,
– Pause nach der Ausholbewegung.

Junzuki (*Oi-tsuki*)

Der *Junzuki* wird aus *Zenkutsu Dachi* ausgeführt. Die Stellung ist lang und schmal. Wenn man das linke Bein vorn hat, wird auch mit dem linken Arm geschlagen. Die Faustdrehungen beim Nachvornschlagen und Zurückziehen des Arms sind wie beim *Gyakuzuki*. Die Hüfte wird gegengedreht und zeigt in der Endstellung nach vorn.

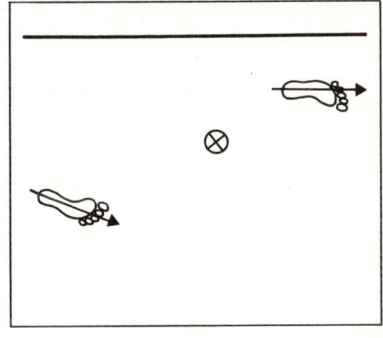

Junzuki und *Gyakuzuki* sind zwei Fausttechniken, die die gleiche Distanz zum Partner überwinden. Die Reichweite kann aber beim *Gyakuzuki* durch das Ausnutzen der Hüftdrehung etwas variiert werden.

○ Typische Fehler
– Die Hüfte zeigt in der Endstellung zur Seite,
– der Körper wird nach vorn gebeugt,
– das vordere Bein wird zu wenig gebeugt.

Tobikomizuki (*Kizamizuki*)

Die Füße stehen in der Ausgangsstellung *Hanmi Shizentai*. Sie sind etwa schulterbreit auseinander, und der linke Fuß ist etwas nach vorn in Angriffsrichtung aufgesetzt. Bei dieser Technik wird ein Angriff *Jodan*, d. h. in Richtung Gesichtsmitte ausgeführt.

Der Körper wird aus der Ausgangsstellung schnell nach vorn geworfen. Das linke Bein wird dabei etwas angehoben, das hintere (rechte) Bein wird nachgezogen. Die Endstellung ist tief, wobei das vordere Bein gebeugt und das hintere gestreckt ist. Die Füße stehen auf einer Linie in Angriffsrichtung. Die schlagende Faust wird beim Angriff gedreht, dabei geht die andere Faust bis zur Körperseite mit nach vorn, hier findet also keine Gegenbewegung statt. Das Gewicht liegt auf dem vorderen Bein, und der Körper ist in der Endstellung etwas nach vorn gebeugt. Nach dem Angriff wird die Schlagfaust sofort in die Ausgangsstellung zurückgenommen. Der andere Arm deckt die Brust.

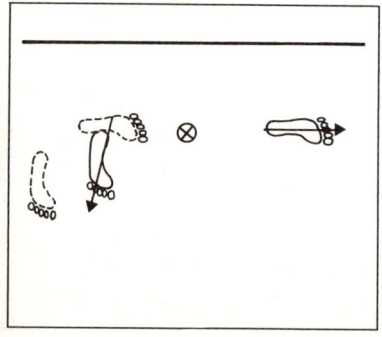

Diese Technik ermöglicht einen Angriff aus einer größeren Distanz als üblich (also über 180 cm). Um den *Tobikomizuki* am Partner anwenden zu können, ist eine differenzierte Einschätzung der eigenen Extremitätenlänge und der überbrückbaren Distanz notwendig.

○ Typische Fehler
– Der Stand ist nicht tief genug,
– eine Gegenbewegung der Arme wird ausgeführt.

Junzuki No Tsukomi

Junzuki No Tsukomi wird aus einem seitlich engen, lang nach vorn gerichteten *Zenkutsu Dachi* heraus ausgeführt. Der vordere (linke) Fuß wird nach außen gedreht und das hintere Bein eng am vorderen Bein vorbei nach vorn aufgesetzt. Die Hüfte zeigt bei dem Schritt nach vorn. Erst wenn die Faust auch nach vorn schlägt, wird sie etwas zur Seite gedreht. Mit der anderen Faust wird eine Gegenbewegung ausgeführt. Der Körper ist dabei etwas nach vorn gebeugt. Das Hauptgewicht liegt auf dem vorderen Bein.

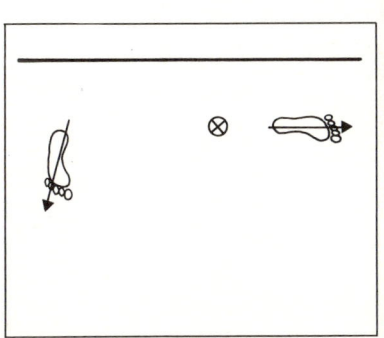

Der Junzuki No Tsukomi ist ein Angriff *Jodan*. Durch das Nachvornbeugen des Körpers hat die Technik einen größeren Bewegungsumfang als zum Beispiel ein *Junzuki*, so daß eine etwas größere Distanz überbrückt werden kann. Durch die Hüftdrehung wird die Beschleunigung der Technik gesteigert.

○ Typische Fehler
– Der Körper wird nicht genug vorgebeugt,
– die Füße stehen nicht auf einer Linie nach vorn.

Gyakuzuki No Tsukomi

Bei der Ausgangsstellung steht das vordere (linke) Bein einen Fußbreit vor dem hinteren Bein in zweimal schulterbreitem seitlichen Abstand. Das Gewicht liegt auf dem linken Bein. Das hintere (rechte) Bein wird zum linken geführt und dann weggesetzt. Dadurch entsteht eine U-förmige Bewegung. Die Hüfte zeigt beim Schritt nach vorn und wird dann zum abgesetzten Bein hin eingedreht. Das Gewicht liegt auf dem vorderen Bein. Der hintere Fuß wird leicht einwärts gedreht. Die Faust schlägt nach vorn in Höhe des Gürtels.

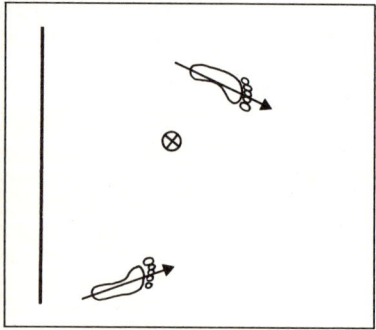

Gyakuzuki No Tsukomi ist besonders als Ausweichbewegung oder direkter Konter geeignet. Besonders *Jodan* Angriffen kann so ausgewichen und gekontert werden. Durch das Zur-Seite-Werfen des Körpers, unterstützt durch eine schnelle Hüftdrehung, wird die nötige Geschwindigkeit erreicht.

○ Typische Fehler
– Es liegt nicht genug Gewicht auf dem vorderen Bein,
– die Füße stehen seitlich zu eng oder nach vorn zu weit auseinander,
– die Faust zeigt nicht gerade nach vorn.

Übungsformen

Fausttechniken können in folgender Weise geübt werden: Zunächst muß der Bewegungsablauf im Vorgehen stabilisiert werden. Dann werden die Techniken als Zielübung am Partner ausgeführt, um das Distanzempfinden zu schulen. Dann folgen Partnerübungen, d. h., die Techniken werden in die Aktion des Partners integriert. Dies können Zielübungen aus der Bewegung sein, oder der Partner greift mit einer definierten Technik an, und der andere kontert. Wurden diese Stufen durchlaufen, sollten Absprachen über Techniken entfallen und die zu übenden Techniken in freie Bewegungsformen mit großer Unbestimmtheit der Situation integriert werden. Besonderer Wert ist bei allen Übungsformen auf die Gewichtsverlagerung und die Distanzüberwindung zu legen.

Fußtechniken (*Keri Waza*)

Maegeri

Der *Maegeri*, ein Fußtritt nach vorn, wird aus *Zenkutsu Dachi* rechts vor ausgeführt. In der Ausgangsstellung werden die Fäuste auf die rechte Seite genommen. Dann wird das hintere Bein nach vorn angehoben, bis der Oberschenkel waagerecht ist. Erst dann schlägt man mit dem Unterschenkel nach vorn. Nun wird das Bein schnell wieder zurückgezogen (*Hikkite*) und abgesetzt. Beim Treten müssen die Zehen so weit wie möglich angezogen werden. Der Fuß wird dabei lang nach vorn gestreckt. Auftrefffläche ist der Fußballen.

Der *Maegeri* kann in jeder Angriffshöhe ausgeführt werden. Da diese
Technik leicht zu erlernen ist, kann
sie nach relativ kurzer Zeit bereits
sehr effektiv angewendet werden.

○ Typische Fehler
– Beim Treten wird der Körper nach vorn genommen,
– das Standbein bleibt beim Treten nicht gebeugt, dadurch verändert sich
  der Schwerpunkt,
– die Arme werden nicht als Deckung vor den Körper genommen.

Mawashigeri

Der *Mawashigeri* ist ein Halbkreis-fußtritt, diese Technik trifft den Gegner von der Seite. Aus *Zenkutsu Dachi* links vor wird das hintere Bein so seitlich hochgezogen, daß Unter- und Oberschenkel parallel zum Boden sind (Grundschultechnik), oder das Bein wird wie beim *Maegeri* (siehe mittleres Foto – Wettkampf-technik) hochgezogen. Man muß darauf achten, daß der Fuß auf einer Höhe bleibt. Nun wird das Bein nach vorn geschwungen, wobei der Unterschenkel einen großen Kreis beschreibt. Dabei wird die Hüfte etwas mitgedreht. Um das Gleichgewicht zu halten, führt der Oberkörper eine Gegenbewegung aus. Soll diese Technik *Chudan* treffen, ist es günstig, mit dem Fußballen zu treffen, da so die Trefffläche klein ist. Soll dagegen zum Kopf getreten werden, kann der Spann benutzt werden. Es ist aber auch möglich, *Chudan* mit dem Spann zu treffen.

Der *Mawashigeri* kann in jeder Angriffshöhe angewendet werden,
auch als Angriff zum Knie. Als Angriff zum Kopf ist er von Anfängern
schwer zu blocken, da Anfänger
diese Technik, die aus der Peripherie
des Blickfeldes auftaucht, zu spät
wahrnehmen.

○ Typische Fehler
– Das tretende Bein sackt während der Halbkreisbewegung ab,
– der Oberkörper wird nicht gegengedreht,
– die Hüfte kann nach dem Tritt nur schwer wieder in die Ausgangsstellung
  zurückgedreht werden.

Sokuto Fumikomi

Aus *Zenkutsu Dachi* links vor wird das hintere (rechte) Bein nach vorn hochgezogen, wie beim Ansatz Maegeri. Der Tritt mit der Fußkante (*Sokuto*) erfolgt von oben nach unten in Kniehöhe (*Fumikomi*). Dabei wird die Hüfte schnell gedreht und der Körper gestreckt. Das Standbein muß stark gebeugt werden, damit die Reichweite größer wird und der Schwerpunkt tiefer liegt. So kann diese Technik auch ohne Block gegen *Jodan*-Angriffe verwendet werden.

Im sportlichen Wettkampf sind direkte Angriffe zum Knie verboten, aber in der Selbstverteidigung sind sie sehr effektiv. Im *Kihon* (Grundschule) wird zunächst *Sokuto Fumikomi* und später *Sokuto* geübt (wegen der Angriffshöhe, die sonst von Anfängern schwer zu realisieren ist).

○ Typische Fehler
– Das Standbein ist nicht tief gebeugt,
– der Körper bildet mit dem tretenden Bein keine gerade Linie,
– es wird nicht mit der Fußkante getreten.

Sokuto (*Yokogeri* **)**
Beim *Sokuto* wird ebenso wie beim *Sokuto Fumikomi* mit der Fußkante zur
Seite getreten. Aus der Ausgangsstellung *Zenkutsu Dachi* rechts vor wird
das hintere (linke) Bein angehoben, bis der Oberschenkel waagerecht ist.
Nun dreht man schnell die Hüfte zur Seite und tritt mit der Fußkante nach
vorn in *Chudan*- oder *Jodan*-Höhe. In der Endstellung soll das Bein gestreckt sein und mit dem Oberkörper eine Gerade bilden, d. h., der Körper
und das Bein sind auf einer Linie nach vorn gestreckt.

Diese Technik ist relativ schwierig zu
erlernen. Sie ist, ähnlich wie der
Maegeri, eine sehr starke Angriffstechnik nach vorn. Da der Stand
ziemlich stabil ist, kann sie auch zum
Abstoppen eines Gegners benutzt
werden.

○ Typische Fehler
– Das Bein wird nicht vorn hochgezogen,
– die Hüftdrehung erfolgt zu langsam,
– die Fußstellung ist falsch, d. h., es
  wird mit der ganzen Fußsohle
  oder mit gestrecktem Fuß, nicht
  aber mit der Fußkante getreten.

Ushirogeri

Aus *Zenkutsu Dachi* rechts vor wird
das vordere Bein vor dem hinteren
übergesetzt. Dann dreht man sich
auf den Fußballen, bis der Rücken
zum Partner zeigt, wobei der Blick
nach hinten zum Gegner gerichtet
wird. Nun zieht man das vordere
(linke) Bein hoch und tritt damit geradlinig nach hinten. Dann wird das
Bein wieder zurückgezogen und in
die Ausgangsrichtung nach vorn abgesetzt. Man hat dann mit dieser
Technik eine ganze Drehung ausgeführt und steht nun mit dem linken
Bein vorn. Trefffläche ist der Hak-
ken. Dabei sollen die Zehen gerade
nach unten zeigen.

Der *Ushirogeri* ist ein Fußtritt nach
hinten, der in jeder Höhe ausgeführt
werden kann.

○ Typische Fehler
– Die Blickwendung nach hinten erfolgt zu spät,
– beim Tritt bleibt die Hüfte nicht
  parallel zum Boden,
– das Bein wird beim Tritt nicht
  ganz gestreckt.

Ushiromawashigeri

Die Ausgangsstellung und Drehung entspricht dem *Ushirogeri*, doch wird das tretende Bein nicht geradlinig nach hinten getreten, sondern in einem Halbkreis. Trefffläche ist die Fußinnenseite oder der Hacken. Diese Technik wird hauptsächlich als Angriff nach hinten zur Schläfe oder zum Hinterkopf des Gegners verwendet. Durch das Abknicken des Unterschenkels in der letzten Phase der Technik kann die Wirkung verstärkt werden. Der *Ushiromawashigeri* kann auf weite und nahe Distanzen verwendet werden. Auf weite Distanzen soll versucht werden, mit dem gestreckten Bein den Gegner zu erreichen. Auf nahe Distanz wird versucht, um den Partner herumzutreten und ihn von hinten an seinem Körper zu treffen.

○ Typische Fehler
– Das Bein wird zu sehr im Kreis geschlagen, d. h., der höchste Punkt der Technik liegt nicht genau vorn,
– der Körper wird nach der Technik zu früh herumgedreht,
– die Technik ist in sich zu langsam.

Übungsformen
Bei allen Fußtechniken (*Keri Waza*) sollte zunächst das schnelle Hochziehen des tretenden Beins geübt werden, damit ein schnelles Starten der Bewegung möglich ist. Wird diese Phase realisiert, wird der Tritt nach vorn
ganz langsam ausgeführt, damit die beteiligten Muskelgruppen trainiert
werden. Diese Übungsform wird mehrmals wiederholt. Um das Gleichgewicht zu stabilisieren, kann man die Technik, ohne abzusetzen, mehrmals
hintereinander üben lassen. Das tretende Bein muß in der Endstellung unbedingt gestreckt sein. Grundsätzlich soll die Trittrichtung gerade nach
vorn liegen, und die Blickwendung, besonders bei den Drehtritten, muß
rechtzeitig erfolgen, um den Gegner unter visueller Kontrolle zu behalten.
Alle Techniken sind zunächst als Grundtechniken im Vorgehen ohne Partner zu üben. Erst wenn eine ausreichende Kontrolle über die Technik erreicht wurde, sind Zielübungen am Partner und später aus der Bewegung
am Partner angemessen. Als nächste Stufe sind die Fußtechniken als Kontertechniken gegen definierte Angriffe des Partners auszuführen und dann
aus Ausweichbewegungen (siehe «Ausweichbewegungen») heraus auf definierte Angriffe. Erst nach diesen Vorübungen sollte die Anwendung in
freien Situationen erfolgen.

Blocktechniken (*Uke Waza*)

Blocktechniken werden nach der abzuwehrenden Angriffstechnik unter-
schieden. Es gibt Blocktechniken gegen Fausttechniken und gegen Fußtechniken.

Blocktechniken gegen Fausttechniken

Age Uke

Age Uke wird aus *Zenkutsu Dachi* ausgeführt. Age Uke ist ein Block, der zur Abwehr von Techniken (besonders Fausttechniken) zum Kopf dient (daher auch *Jodan Uke* genannt). Der Arm wird diagonal am Körper vorbei nach oben geführt. Erst im letzten Moment dreht der Ellbogen nach oben. Dadurch kann die gegnerische Technik am Arm abgleiten. Die Faustinnenseite zeigt nach vorn.

○ Typische Fehler
- Der Arm wird waagerecht nach oben geschlagen,
- die Faustinnenseite zeigt nicht nach außen,
- der Arm ist nicht gebeugt.

Uchi Uke

Uchi Uke ist eine Blocktechnik in *Zenkutsu Dachi* gegen Techniken, die *Chudan* treffen. Beim *Uchi Uke* wird die vordere Faust zum Ohr gehoben und schlägt dann in einem Halbkreis zur anderen Körperseite vorbei. Trefffläche ist die Außenseite des Unterarms. Die Technik ist in Schulterhöhe beendet. *Uchi Uke* ist ein starker Block *Chudan*.

○ Typische Fehler
– Der Arm wird nicht zum Ohr gehoben,
– der Arm wird nicht weit genug am Körper vorbeigeschlagen,
– die Faust ist in der Endstellung nicht in Schulterhöhe.

Soto Uke

Soto Uke ist wie *Uchi Uke* ein Block
Chudan aus *Zenkutsu Dachi*. Der
Arm wird lang diagonal vor dem
Körper heruntergenommen, und
der Unterarm schlägt von hinten unten am Körper vorbei. Die Trefffläche ist die Innenseite des Unterarms. (Die Begriffe *Uchi Uke* und
Soto Uke werden in anderen Stilrichtungen manchmal umgekehrt
verwendet.)

○ Typische Fehler
– Der Arm wird in der Ausholbewegung nicht genug auf die andere
  Körperseite genommen,
– der Arm wird zu weit nach außen
  geschlagen, d. h., er bildet in der
  Endstellung mit der Schulter
  keine Linie nach vorn,
– der Block wird zu hoch ausgeführt.

Shuto Uke

Shuto Uke wird aus *Hanmi Neko-ashi Dachi* ausgeführt. 70 Prozent des Gewichts liegen auf dem hinteren Bein, der Fuß des vorderen Beins ist mit dem Ballen aufgesetzt und zeigt nach vorn, der Fuß des hinteren Beins zeigt im 90-Grad-Winkel zur Seite. Beim *Shuto Uke*, einem Block *Jodan* oder *Chudan*, ist die Hand geöffnet. Die Finger liegen aneinander. Die Innenseite der Hand wird zum gegenüberliegenden Ohr genommen, der Ellbogen bleibt tief. Nun dreht man den Unterarm mit der Hand so, daß die Handkante etwas seitlich vorn blockt. Die andere Hand liegt geöffnet schräg vor der Brust. Die Finger sind gegeneinandergepreßt. Der Mittelfinger soll so gebeugt werden, daß er mit dem Ring- und Zeigefinger abschließt.

○ Typische Fehler
– Das Gewicht liegt zu sehr auf dem vorderen Bein,
– die Finger sind gespreizt,
– die andere Hand liegt nicht schräg als Deckung vor dem Körper.

Blocktechniken gegen Fußtechniken

Gedan Barai

Gedan Barai wird aus *Zenkutsu Dachi* ausgeführt. Bei diesem Block nach vorn gegen Fußtechniken *Chudan* oder *Gedan* nimmt man die Faust mit der Innenseite zum gegenüberliegenden Ohr und schlägt vor dem Körper entlang nach unten. Erst im letzten Augenblick wird die Faust gedreht. Der Block trifft mit der Außenseite des Unterarms nahe dem Handgelenk. Die Endposition der Faust ist ein bis zwei Faustbreit oberhalb und etwas seitlich außen am Knie.

○ Typische Fehler
- Die Faust wird nicht mit der Innenseite zum gegenüberliegenden Ohr genommen,
- die Endposition der Faust ist zu sehr neben dem Knie oder zu hoch über dem Knie.

Uchi Harai Uke

Beim *Uchi Harai Uke* erfolgt ein Fußpositionswechsel, indem der *Zenkutsu Dachi* nach vorn in einen *Zenkutsu Dachi* 90 Grad zur Seite geändert wird. Dieser Block wird gegen die gleichen Techniken wie der *Gedan Barai* verwendet. Er bietet jedoch den Vorteil, daß der Angreifer in eine für ihn ungünstigere Position gebracht wird. Der vordere Arm wird hochgenommen und während des Fußpositionswechsels gestreckt in die neue (90 Grad seitliche) Richtung geschlagen. Treffläche ist die Innenseite des Unterarms. Gegenüber dem *Gedan Barai* kann man durch die Hüftdrehung größere Kräfte bzw. Beschleunigungen erreichen.

○ Typische Fehler
– Der Fußpositionswechsel wird nicht vollständig ausgeführt,
– der Block erfolgt zu früh oder zu spät,
– die Blockbewegung wird zu klein ausgeführt.

Soto Harai Uke
Bei diesem Block erfolgt der gleiche
Fußpositionswechsel wie beim *Uchi
Harai Uke.* Der blockende Arm
nimmt jedoch den umgekehrten
Weg. Er schlägt von vorn nach hin-
ten mit einer Gegendrehung der
Hüfte. Trefffläche ist die Innenseite
des Unterarms.

○ Typische Fehler
– Der Fußpositionswechsel wird zu
  langsam und nicht vollständig ausgeführt,
– es wird nicht mit der Innenseite
  des Unterarms geblockt,
– die Blockbewegung erfolgt zu
  spät.

Jyuji Uke

Jyuji Uke wird aus *Zenkutsu Dachi* ausgeführt. Dieser Block kann gegen Fausttechniken *Jodan* oder gegen Fußtechniken *Chudan* oder *Gedan* verwendet werden. Die Fäuste werden von der Hüfte nach unten oder oben geschlagen. Die Unterarme überkreuzen sich. Der Angriff wird zwischen den beiden Armen nahe dem Handgelenk abgefangen. Die Hände werden von der Hüfte nach unten geschlagen, dabei bleibt der Körper aufrecht. *Jyuji Uke* kann mit offener oder geschlossener Hand ausgeführt werden. Die obenliegende Faust kann direkt für einen Konter benutzt werden.

○ Typische Fehler
 – Der Körper ist beim Block nach vorn gebeugt,
 – die Fäuste werden nicht von der Hüfte aus geschlagen,
 – der Schwerpunkt liegt zu hoch.

Übungsformen
Bei allen Blocktechniken sollte zunächst der Bewegungsablauf in Phasen geübt werden. Erst dann sollten die Blocktechniken gegen Widerstand geübt werden (z. B. ein Partner hält fest oder hält seine Angriffstechnik so stark, daß sie langsam zur Seite gedrückt werden muß). Alle Blocktechniken sollten im Vor- und Zurückgehen beherrscht werden.
Besonders wichtig ist das Training der Blocktechniken als Zielübung auf Distanz, um das Timing zu erlernen. Später wird auf abgesprochene Angriffe hin geblockt.
Erst dann schließen sich freie Bewegungsformen an, mit Aufgaben wie «Blocke den *Maegeri* mit *Uchi Harai Uke* oder *Soto Harai Uke*». Dann wird die Anzahl verschiedener Angriffe hintereinander gesteigert, und die Blocktechniken werden freigestellt.
Zur Verbesserung der Koordination und der Schnelligkeit sollten hintereinander verschiedene Blocks schnell und kraftvoll ausgeführt werden. Zunächst im *Kihon* (Grundschule) ohne Partner und dann auf festgelegte Angriffe mit Partner.

Kombinationen von Block und Konter

Nagashizuki

Ein sehr gutes Beispiel für die Ausführung von Block und Konter, kombiniert mit *Tai-Sabaki*, ist der *Nagashizuki*. Hier setzt man zunächst das vordere aus *Hanmi Shizentai* (vgl. *Tobikomizuki*) Bein etwas vor. Durch eine Hüftdrehung wird das hinter, gestreckte Bein in einem Bogen von 25 bis 30

Grad zur Seite geschleudert. Die Faust schlägt dabei zur Mitte des Gesichts. Die Hüfte und die Schultern sind in einer geraden Linie von vorn um 25 bis 30 Grad zur Seite gedreht. Die andere Hand wird gleichzeitig als Abwehr vor die Brust genommen. Das Gewicht liegt auf dem vorderen Bein, der Körper ist etwas nach vorn gebeugt. Der *Nagashizuki* eignet sich als Konter gegen *Keri Waza Chudan* oder *Tsuki Waza Jodan*.

○ Typische Fehler
– Das Bein wird nicht herumgeschleudert, sondern weggesetzt;
– die Faust schlägt nicht während der Hüftdrehung nach vorn;
– das Gewicht liegt nicht auf dem vorderen Bein.

Haishu Uke/Gyakuzuki

Dieser Block wird gegen Faust-Techniken *Chudan* angewendet, die nicht hart geblockt werden sollen. Der blockende Arm geht beim *Haishu Uke* lang nach vorn und nimmt möglichst früh Kontakt mit der zu blockenden Fausttechnik (oder Fußtechnik) auf. Dann wird der Handrücken an der Technik entlanggezogen, das heißt, die blockende Hand begleitet die Vorwärtsbewegung des Angriffs. Gleichzeitig kontert die andere Hand mit *Gyakuzuki*. Der Körper wird während der Bewegungen so gedreht, daß dem Angriff ausgewichen wird.

○ Typische Fehler
- Der blockende Arm nimmt nicht früh genug Kontakt mit dem Angriff auf;
- der Körper wird nicht aus der Angriffsrichtung gedreht;
- es wird zu spät geblockt.

Otoshi Uke/Gyakuzuki

Diese Technik eignet sich besonders als Aktion gegen einen *Tsuki Chudan*. Der *Otoshi Uke* wird meist als Block von oben mit offener Hand oder Faust auf das Handgelenk des Angreifers ausgeführt. Wenn die Hand den Arm des Angreifers berührt, wird sie in Richtung Handgelenk gezogen. Bei dieser Bewegung wird das vordere Bein etwas herangezogen, und die Hüfte wird in Richtung des *Gyakuzuki* gedreht. Diese Drehung ist wichtig, um die Distanz zum Gesicht des Gegners überbrükken zu können, ohne sich der Gefahr auszusetzen, daß die Reichweite der Angriffstechniken gefährlich werden kann. Darüber hinaus bewirkt diese Hüftdrehung, daß bei einem Treffer der Angriff seitlich abgleitet und der eigene Konter trifft.

○ Typische Fehler
– Es wird nicht weit genug von oben ausgeholt;
– der Block wird nur nach unten geschlagen, ohne ihn in Richtung Handgelenk weiterzuziehen;
– beim Konter erfolgt kein Eindrehen der Hüfte.

Übungsformen
Nachdem der Bewegungsablauf beherrscht wird, sollte der Partner zunächst geradlinig auf den Verteidiger zu angreifen. Der Verteidiger versucht im Rückwärtsgehen zu blocken und zu kontern; dabei sollte Wert auf eine gut getimte Ausweichbewegung gelegt werden. Die Ausweichbewegung sollte erst ohne Block und dann mit Block geübt werden. Das bedeutet, daß zunächst langsam angegriffen wird und erst allmählich das Tempo gesteigert wird, damit nicht Furchtreaktionen eine korrekte Ausführung verhindern. Erst zuletzt kommt zu dem Block der Konter hinzu.
Da gerade bei Übungen, bei denen Ausweichbewegungen eine Rolle spielen, das Erkennen der Situation notwendig ist, um zu verhindern, daß in den Angriff hineingelaufen wird, sollte die Flexibilität durch eine Erhöhung der Ungewißheit der Situation geübt werden. Dafür bieten sich freie Übungsformen an, in denen die Angriffe nicht abgesprochen sind oder Alternativangriffe bewältigt werden müssen. Die Zahl der Alternativen kann dann allmählich erhöht werden.

Ausweichbewegungen
(*Tai-Sabaki*)

Ausweichbewegungen kann man zu den Seiten oder nach hinten ausführen. Am schnellsten ist es durch eine Hüftdrehung, verbunden mit einem Ausfallschritt, möglich, aus der Angriffsrichtung zu gehen. Es sollte bei allen Ausweichbewegungen darauf geachtet werden, daß nach der Ausweichbewegung der Abstand einen Konter ermöglicht. Die Fotos zeigen jeweils die unterschiedlichen Positionen nach dem *Tai-Sabaki*, d. h. Ausweichbewegungen nach hinten und zu den beiden Seiten.

Tai-Sabaki sollte gegen alle Techniken, besonders aber gegen harte Fußtechniken, die nur schwer geblockt werden können, angewendet werden.

○ Typische Fehler
– Die Ausweichbewegungen erfolgen zu spät;
– die Ausweichbewegung ist zu klein;
– die Position nach dem Ausweichen ist ungünstig für einen Konter.

Übungsformen
Der Partner geht in normalem Angriffstempo vor, und der Verteidiger versucht jeweils rechts und links im Wechsel auszuweichen. Dieses wird zunächst mit Wechsel der Seiten und derselben Angriffstechnik geübt, später kommen weitere Angriffstechniken hinzu, und es erfolgen keine Absprachen über die Seite des Angriffs.

Fußfeger (*Ashi Barai*)

De Ashi Barai

De Ashi Barai ist ein Fußfeger, der
mit der Fußsohle von außen am geg-
nerischen Unterschenkel nahe dem
Fußgelenk angewendet wird. Mit
dem *De Ashi Barai* wird das Bein
des Angreifers nach innen gefegt. Im
sportlichen Wettkampf dürfen Fußfeger nur nahe beim Fußgelenk angesetzt werden, doch ist ihre Wirkung weiter oben besser. Es sollte
versucht werden, den Fuß des Gegners kurz vor dem Absetzen zu treffen. Steht der Fuß bereits, muß der
De Ashi Barai etwas mehr von hinten angesetzt werden, um die Fußstellung des Gegners nach vorn zu
verlängern.

○ Typische Fehler
– Der Fuß wird nicht von hinten nach seitlich vorn gefegt;
– es wird nicht mit der Fußsohle gefegt.

Ushiro Ashi Barai

Ushiro Ashi Barai wird aus der Drehung, wie ein *Ushirogeri*, mit dem Rücken zum Gegner ausgeführt. Gefegt wird mit gestrecktem Bein aus der Drehung, und zwar mit der Ferse an der Ferse oder – etwas höher – von außen des Gegners. Der Fuß soll dabei in einem großen Kreis auf den Gegner zukommen. Der Gegner fällt dann seitlich nach hinten. Diese Drehung mit der gleichzeitigen Verlagerung des Schwerpunkts nach unten kann als Ausweichbewegung gegen hohe *Keri Waza* ausgenutzt werden. Das Standbein des Gegners wird dann mit dem *Ushiro Ashi Barai* weggefegt.

○ Typische Fehler
– Der Körperschwerpunkt liegt zu hoch;
– die Drehung des gestreckten Beins ist zu klein und zu langsam.

Übungsformen

Das Timing muß besonders geübt werden, d. h., es soll durch eine Rhythmisierung von Angriff und Fußfeger der Zeitpunkt kurz vor dem Aufsetzen des Fußes antizipiert werden, damit an diesem Punkt der Fußfeger treffen kann.

Die Angriffe sollten aus verschiedenen Distanzen zum Partner geübt werden, damit das Gefühl für die Distanz entwickelt wird und Strategien zur Beeinflussung der Reichweite entwickelt werden können (z. B. Vorgleiten, Zwischenschritte, Streckung des Körpers beim Fußfeger usw.).

Selbstverteidigungstechniken

Die hier beschriebenen Selbstverteidigungstechniken dürfen im sportlichen Wettkampf fast alle nicht angewendet werden, da sie zu schweren
Gesundheitsschäden führen können; denn sie sind auf die «vitalen Punkte»
gerichtet (vgl. «Karate als Selbstverteidigung», S. 25 ff).
Bei Selbstverteidigungstechniken ist Wert auf eine stabile Position mit tie-
fem Schwerpunkt und großer Standfläche zu legen. Die genaue Stellung ist
von der Situation, besonders der Stellung zum Gegner abhängig. Angestrebt werden sollte immer eine dem *Zenkutsu Dachi* ähnliche Stellung.

Angriffstechniken

Empi
Empi ist eine besonders für Frauen
geeignete Technik. Bei dieser starken Angriffstechnik wird mit dem
Ellbogen geschlagen. Die Technik
kann von unten unter das Kinn (*Age
Empi*), seitlich-schräg unter den Solarplexus (*Yoko Empi*) zu den kurzen Rippen, zur Brust und Schläfe
geschlagen werden. Er kann auch
rundgeschlagen (*Mawashi Empi*)
und nach hinten geschlagen (*Ushiro
Empi*) werden.

Shuto

Beim *Shuto* ist die Hand geöffnet,
und die Finger liegen eng zusammen. Der Mittelfinger ist so eingeknickt, daß er mit dem Ring- und
Zeigefinger abschließt. Der Daumen liegt an. Mit dem *Shuto* kann
man von vorn zum Hals, seitlich zum
Nacken oder Schlüsselbein oder ins
Genick schlagen (*Shuto Uchi*).
Auch als Block läßt sich der *Shuto*
verwenden (*Shuto Uke*). Schläge
mit dem Fingergelenk des kleinen
Fingers oder dem Handgelenkkno-
chen sollten wegen erhöhter Verletzungsgefahr vermieden werden. Die
beste Schlagfläche ist der seitliche
Handballen.

Uraken

Beim *Uraken* schlägt man mit den Knöcheln des Zeige- und Mittelfingers mit der Faustrückseite zum Ziel. Da diese Technik durch ein Strecken des Unterarms und dessen schnelles Zurückziehen ausgeführt wird, ist sie sehr schnell und effektiv. *Uraken* kann von vorn oben (*Mashomen Uraken*) oder von der Seite angewendet werden. Die angegriffenen vitalen Punkte sind das Gesicht und die Rippen.

Teisho

Teisho wird von vorn unten nach oben geschlagen. Dabei werden die Finger und der Daumen fest nach innen gepreßt. Getroffen wird mit der Handfläche nahe dem Handgelenk, die Hand ist nach hinten geknickt. Die vitalen Punkte sind das Gesicht, die Nase, das Kinn, der Kiefer und der Solarplexus.

Nukite

Nukite ist eine sehr gefährliche Angriffstechnik. Durch die kleine Auftrefffläche können spezielle vitale Punkte getroffen werden. *Nukite* wird meist mit vertikaler oder horizontaler Handhaltung nach vorn geschlagen. Die Hand ist offen, und die Finger sind so geknickt, daß sie eine Linie bilden. Es kann auch mit nur einem oder zwei Fingern geschlagen werden, zum Beispiel zu den Augen. Auch als Schlag zum Kehlkopf, dem Solarplexus, den Rippen und dem Brustkorb wird diese Technik benutzt.

Hiza Geri

Der *Hiza Geri* ist eine Technik, bei der mit dem Knie geschlagen wird. Dieser Schlag eignet sich besonders für Frauen und auf kurze Distanz. Mit dieser Technik kann auf das Gesicht, den Solarplexus und die Hoden gezielt werden. Durch ein Hereinziehen des Gegners in die Technik wird deren Wirkung erheblich verstärkt.

Fumikomi

Fumikomi ist ein Tritt zum Knie. Er kann von vorn gegen das Knie oder seitlich ins Knie ausgeführt werden. Am besten eignet sich ein Tritt mit der Fußkante, wie beim *Sokuto Fumikomi*. *Fumikomi* kann aus unterschiedlichen Distanzen effektiv angewendet werden.

Abwehrtechniken

Diese beiden ausgewählten Partnerübungen sind als Beispiel dafür zu
verstehen, wie man sich mit relativ
einfachen Techniken aus zwei An-
griffssituationen befreien kann.

Verteidigung gegen Fassen des Handgelenks

Der Angreifer faßt das Handgelenk
mit beiden Händen. Der Verteidiger
verlagert den Schwerpunkt nach unten und dreht seine Hand so, daß
sich das Handgelenk des Angreifers
streckt, wenn er weiter festhält. Die
Körperbewegung des Angreifers
wird vom Verteidiger unterstützt.
Dann greift er mit der Hand unter
den Ellbogen des Angreifers und
drückt diesen seitlich nach hinten.
Dabei führt er mit demselben Arm
einen *Empi* zum Solarplexus aus.

Abwehr gegen Würgen von hinten
Der Angreifer würgt von hinten.
Daraufhin beugt sich der Verteidiger
erst nach hinten und verlagert dann
schnell seine Hüfte etwas seitwärts.
Er holt mit dem Arm Schwung und
schlägt dem Angreifer zwischen die
Beine in die Genitalien. Anschließend führt er von unten nach oben
einen *Empi* in den Magen aus.

Training

Ablauf einer Trainingsstunde

Eine Trainingseinheit dauert normalerweise eineinhalb Stunden. Beim Betreten der Halle ist es üblich, sich an der Tür zu verbeugen (*Ritsurei*), um sich so auf das Training einzustellen. Es ist selbstverständlich, daß man sich in der Umkleidekabine vollständig anzieht und nicht etwa mit dem Gürtel um den Hals die Halle oder den Übungsraum (*Dojo*) betritt.

Vor dem Beginn des Trainings stellen sich alle Teilnehmer in einer Reihe auf, wobei der ranghöchste ganz rechts steht und die Begrüßung (*Zarei*) durchführt. Der Trainer steht dabei vor der Reihe. Nach dem Angrüßen beginnt die Gymnastik (vgl. S. 34 ff). Darauf folgt *Kihon*, das *individuelle* Techniktraining (vgl. S. 98 ff). Daran schließt sich *Renzoku Waza*, die Kombination verschiedener Techniken an (vgl. S. 100 f). Nun folgt *Kumite*, dies sind Partnerübungen (vgl. S. 114 ff). Die letzte Station im Training sind die *Katas*, die Formübungen (vgl. S. 101 ff). Das Training schließt meist mit einer Abschlußgymnastik. Es endet, wie es angefangen hat, mit dem Abgrüßen der Teilnehmer.

Trainings- und Übungsformen

Bevor mit dem Üben begonnen wird, muß der Schüler eine Bewegungsvorstellung bekommen. Dies kann z. B. über Bildreihen und Beschreibungen geschehen oder durch Demonstration des Trainers. Das Wichtigste ist allerdings die eigene praktische Ausführung durch den Schüler. Der Trainer sollte auf die wichtigsten Punkte der Technik eingehen und diese besonders deutlich zeigen. Erst wenn diese Grobform gelernt ist, wird Wert auf weitere Details gelegt (Feinform). Im Prüfungsprogramm wird grundsätzlich vom Einfachen zum Schweren vorgegangen. Das *Kyu-* und *Dan-System* kann daher als methodischer Weg verstanden werden, dessen Reihenfolge der Techniken beim Erlernen eingehalten werden sollte.

Der Schüler geht meist in der ersten Trainingsstunde schon über die Grobform hinaus, d. h., die Technik ist dann bereits grundsätzlich gelernt, da der Karateka eine Bewegungsvorstellung erworben hat und diese in groben Zügen realisieren kann. Da im Karate mit hohen Wiederholungszahlen gearbeitet wird (die Techniken werden bei einem Training zwischen 50- und 100mal wiederholt), ist bald auch die Feinform erreicht. Erst dann beginnt das eigentliche Üben im Karate, da Grob- und Feinform noch als Anfängerleistung gelten. Für das Erreichen der anwendungsbezogenen Bewegungsform werden normalerweise mehrere Jahre benötigt; man kann davon ausgehen, daß der Lern- und Optimierungsprozeß nie abgeschlossen wird.

Kihon

Kihon ist die Grundschule des Karate. Die Reihenfolge der Übungen entspricht dem Prinzip vom Einfachen zum Schweren. Die korrekte Ausführung der Technik steht im Vordergrund. Hier werden alle später im *Kumite* (Kampf) mit Partner angewendeten Techniken bis zur Perfektion ohne Partner geübt.

Beim *Kihon* werden von den Übenden Reihen gebildet, damit sich die Karateka nicht gegenseitig behindern. Auf ein Zeichen des Trainers, der meist seine Anweisungen mit den entsprechenden japanischen Ausdrücken gibt, gehen die Teilnehmer mit den entsprechenden Techniken vor. Da durch die Zeichen des Trainers ein bestimmter Rhythmus vorgegeben ist, wird das Erlernen oder Einüben der zeitlich richtigen Ausführung unterstützt. Da man beim *Kihon* allein agiert, hat man die Möglichkeit, sich ganz auf seine Technik und die eigene Bewegungsausführung zu konzentrieren. Häufige Wiederholung soll die Koordination der einzelnen Körperteile verbessern und überflüssige Mitbewegungen vermeiden helfen. Dadurch sollen die

Techniken automatisiert werden, was unumgängliche Voraussetzung für die spätere Einbeziehung des Partners ist. Besonders soll die exakte Kontrolle über die Extremitäten erlernt werden. So wird z. B. geübt, verschiedene vitale Punkte (vgl. S. 26ff) exakt zu treffen. Beim *Kihon* werden alle Muskelgruppen beansprucht und Techniken mit Faust, Fuß und Knie ausgeführt.

Beim *Kihon* steht man zunächst in *Musubi Dachi*. Die Füße sind geschlossen, und die Hände liegen offen an der Seite. Auf «*Yoi*» gehen alle in *Shizentai*. Sie stellen die Füße schulterbreit auseinander und schließen die Hände zur Faust. Bei «*Hidari Kamae*» gehen alle mit dem linken Bein mit *Gedan Barai* (Abwehr nach unten, vgl. S. 73) vor. Erst danach beginnen die eigentlichen Übungen des *Kihon*.

Alle Fausttechniken bleiben in der Endstellung stehen, damit man besser kontrollieren kann, ob der jeweilige vitale Punkt auch getroffen worden wäre. Außerdem liegt das Augenmerk nicht nur auf dem schnellen Nachvorn-Schlagen mit der Faust oder den Tritten mit den Füßen, sondern ebenso auf dem Zurückziehen der Extremität (*Hikkite*), weil davon die Dynamik der Gesamtbewegung wesentlich abhängt und eine Stellung erreicht wird, aus der ansatzlos eine weitere Technik angeschlossen werden kann.

Kihon ist die wichtigste Übungsform, um den ökonomischen Einsatz der individuellen Fähigkeiten zu erfassen und auszubauen.

Die am häufigsten beim *Kihon* verwendeten Ausdrücke sind:

Kamae	Angriffsstellung / Ausgangsstellung
hidari	links
mawate	wenden
migi	rechts
Yame	Halt! Es ist genug!
Yoi	Ausgangsstellung *Shizentai*

und das Zählen (der Vokal in Klammern wird nicht mitgesprochen):

ich(i)	eins	*rok(u)*	sechs
ni	zwei	*shich(i)*	sieben
san	drei	*hach(i)*	acht
shi	vier	*ku*	neun
go	fünf	*ju*	zehn

Spezielle Übungsformen im Kihon

Im Sinn der Wiederholungsmethode werden die Techniken unter erschwerten Bedingungen geübt.

- Um die Schnelligkeit zu verbessern, werden die Techniken aus einer tiefen Fußstellung heraus geübt;
- viele Schwerpunktänderungen werden durch Fußpositionswechsel vorgenommen;
- die Techniken sind mit derselben Extremität bis zu 10mal hintereinander schnell auszuführen;
- die Techniken werden gegen einen Widerstand ausgeführt (z. B. drückt der Partner gegen den Arm oder hält ihn fest);
- die Fußtechniken werden mehrere Sekunden in der Endposition stehengelassen oder ganz langsam ausgeführt.

Renzoku Waza

Renzoku Waza sind Aneinanderreihungen von Techniken. Diese Kombinationen werden ohne Partner meist im Anschluß an das *Kihon* ausgeführt. Sie bestehen aus mindestens zwei Techniken und können bis zu zehn und mehr Techniken beinhalten.

Eine Kombination soll möglichst schnell und kraftvoll ausgeführt werden. Kombinationen dienen der Vorbereitung auf den Kampf, da es zwar relativ leicht möglich ist, eine oder zwei Techniken zu blocken, von drei an aufwärts werden die Chancen dazu jedoch erheblich geringer. Deshalb kann man Kombinationen hervorragend als taktisches Mittel im Kampf einsetzen.

In dieser Übungsform sollen viele verschiedene vitale Punkte mit unterschiedlichen Techniken, meist Kombinationen aus *Keri* und *Tsuki* (Fuß- und Fausttechniken), angegriffen werden. Je höher dabei die Anforderungen an die Kondition sind, desto eher werden von den Übenden überflüssige Zwischenschritte und Mitbewegungen der Arme und ähnliches weggelassen, und die Bewegungen werden mit der Zeit ökonomischer.

Wichtig ist, daß eine Kombination eine exakte Aneinanderreihung von Techniken ist und keine Verschmelzung von Techniken. Daher muß eine Kombination zunächst langsam geübt werden, bis der Ablauf bekannt ist. Erst dann versucht man das Tempo zu steigern und schließlich die Kraft- und Schnelligkeitsanteile der Einzeltechniken zu erhöhen.

Übungsformen für Renzoku Waza

- Die Ausführungsdauer der Kombination wird verringert, d. h., alle Techniken müssen in sich schneller ausgeführt werden;
- die Schüler sollen darauf achten, daß jede Technik der Kombination für

sich beendet ist, bevor die Ausholbewegung der nächsten Technik beginnt;
- jede Technik der Kombination wird zweimal hintereinander ohne Pause ausgeführt;
- die Kombinationen werden nur auf Anfangskommando ausgeführt und sollen doch in sich als Einheit realisiert werden.

Kata

Der Ursprung der *Katas* liegt einige Jahrhunderte zurück und enthält die Erfahrungen großer Meister, die die jeweils spezielle *Kata* mit ihren vielen Details als besonders effektiv erkannt haben. Diese Erfahrungen muß jeder einzelne für sich versuchen nachzuvollziehen, um die *Kata* wirklich gut ausführen zu können.

Es gibt fünf Grund*katas* und noch weitere etwa zwanzig Meister*katas*. Diese alte Übungsform war zeitweise – als Karate wegen innerer Unruhen in Japan verboten war (Anfang des 15. Jahrhunderts) – die einzige Möglichkeit, die Techniken von Generation zu Generation weiterzugeben.

Kata ermöglicht, viele verschiedene Techniken (*Waza*) und Körperdrehungen (*Tai-Sabaki*) auszuprobieren, um ihre praktische Einsetzbarkeit erkennen zu können. Dabei handelt es sich um einen Scheinkampf gegen mehrere imaginäre Gegner, die aus unterschiedlichen Richtungen angreifen.

In einer *Kata* werden zwischen 20 und 50 Einzeltechniken innerhalb einer halben bis eineinhalb Minuten ausgeführt. Dabei wird ebenso wie beim *Kihon* das Hauptaugenmerk auf die korrekte Ausführung gelegt. Die Schwierigkeit, verglichen mit *Kihon*, liegt darin, daß dort dieselben Techniken mindestens 20 – 30mal hintereinander ausgeführt werden, während bei der *Kata* verschiedene Techniken aneinandergereiht werden. Das bedeutet, daß der Stand (*Dachi*) und die Körperhaltung (*Shisei*) ständig geändert werden. Daher ist die Beherrschung der Einzeltechniken Voraussetzung für die *Kata*, weil sonst durch die höheren Anforderungen der Bewegungsablauf sehr wahrscheinlich fehlerhaft wird.

Jede *Kata* beginnt in *Musubi Dachi*. Die Füße sind geschlossen, und die Hände liegen an der Seite. Nun wird der Name der *Kata* gesagt. Auf das Kommando «*Yoi*» gehen alle in *Shizentai*. Die Füße stehen schulterbreit auseinander, und die Hände sind zur Faust geschlossen. Auf das Kommando «*Goray nashi*» wird dann die *Kata* vollständig nach eigenem Tempo realisiert. In der letzten Position verharrt man, bis der Trainer das Zeichen «*Yame*» gibt und damit zur Einnahme der bequemeren Ausgangsposition auffordert.

In jeder *Kata* gibt es zwei bis vier genau festgelegte Techniken, bei denen der *Kiai*-Kampfschrei ausgestoßen wird. Ein *Kiai* muß so laut und durchdringend sein, daß sich der Gegner erschreckt. Ein *Kiai* soll alle Kräfte des Angreifers mobilisieren und auf diesen einen Angriff konzentrieren. Das so bewirkte kurze harte Atmen beeinflußt die Dynamik der Technik. Die Ausführung der Technik muß mit dem *Kiai* zusammenpassen, d. h., die Technik muß hart und schnell kommen, wenn der *Kiai* angemessen sein soll.

Die *Kata* gleicht einem faszinierenden Tanz und ist ästhetisch anzusehen. Ihre Bedeutung liegt jedoch in der Anwendung für den wirklichen Kampf.

Übungsformen für Kata

- Jede Technik wird separat auf Kommando geübt;
- der Bewegungsablauf der *Kata* wird zunächst in Abschnitten geübt. Dabei müssen alle Block- und Kontertechniken schnell hintereinander ausgeführt werden;
- nun wird besonderer Wert auf korrekte Stände und den Kraft- und Schnelligkeitseinsatz bei den Techniken gelegt;
- vor jeder Richtungsänderung in der *Kata* muß eine Blickwendung in die entsprechende Richtung erfolgen, dadurch tritt eine Verzögerung im Ablauf ein, was den Rhythmus der *Kata* bestimmt;
- einzelne Abschnitte der *Kata* sollten zur Verdeutlichung der Anwendung der Techniken mit Partner geübt werden.

● Es gibt fünf Grund*katas*: *Pinan Nidan*, *Pinan Shodan*, *Pinan Sandan*, *Pinan Yodan* und *Pinan Godan*. Die bekanntesten Meister*katas* sind: *Naihanchi*, *Kushanku*, *Chinto*, *Seishan*, *Bassai*, *Wanshu* und *Niseishi*.

Im folgenden wird die Grund*kata* *Pinan Nidan* ausführlich dargestellt, außerdem werden Besonderheiten der anderen vier Grund*katas* erklärt: In allen Karate-Stilrichtungen kommen diese Katas vor, zum Teil jedoch unter anderem Namen und leicht modifiziert.

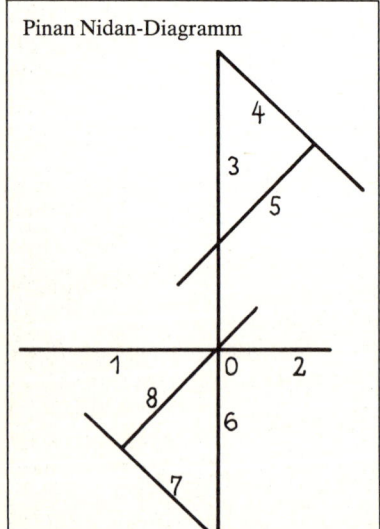

Pinan Nidan-Diagramm

Pinan Nidan

Bei jeder Technik wird ein Schritt vorgegangen, es sei denn, es wird ausdrücklich auf eine andere Ausführung hingewiesen. Das Diagramm gibt die Richtungen der *Kata* wieder.

Die Abfolge der Richtungen ist durchnumeriert. (Einige Techniken sind mit Partner dargestellt, damit ihr Zweck deutlich wird.)

Die *Kata* beginnt in *Musubi Dachi*. Die Füße stehen zusammen, und die Hände liegen an der Seite.

Nun wird erst der linke Fuß und dann der rechte etwas zur Seite gesetzt, bis die Füße schulterbreit auseinanderstehen (*Shizentai* – Ausgangsstellung) (im Diagramm Seite 102 Nr. 0).

Richtung 1
Otoshi Tettsui wird in einem großen Kreis am Körper vorbei von oben herab ausgeführt. Die Fußstellung ist *Ma Hanmi Nekoshi Dachi*. Die Füße stehen weit auseinander, das Gewicht liegt zu 70 Prozent auf dem hinteren Bein. Das vordere Bein ist nur mit dem Fußballen aufgesetzt und zeigt nach vorn, während der hintere Fuß 45 Grad schräg wegzeigt.

Nun folgt *Junzuki* in *Zenkutsu Dachi*, dann Pause.

Richtung 2
Die Faust wird als Vorbereitung für *Gedan Barai* gedreht. Die Füße machen eine 180-Grad-Drehung mit *Gedan Barai* in *Zenkutsu Dachi*.

Das vordere Bein wird etwas zurückgenommen und ein *Otoshi Tettsui* in *Hanmi Shizentai* ausgeführt. Die Faust wird in einem Kreis am Körper vorbei nach oben geführt und dann geradlinig nach unten geschlagen. Beim *Hanmi Shizentai* stehen die Füße schulterbreit in einem 90-Grad-Winkel auseinander.

Nun folgt mit einem Schritt vorgehen *Junzuki* in *Zenkutsu Dachi*.

Richtung 3
90-Grad-Drehung mit *Gedan Barai*,
dann folgt eine Pause.

Es geht weiter mit dreimal *Age Uke*
im Vorgehen.

Beim dritten wird ein *Kiai* gemacht, dann folgt wieder eine Pause.

Richtung 4
Nach einer 225-Grad-Drehung mit *Gedan Barai* in *Zenkutsu Dachi* wird in die gleiche Richtung ein *Jun-zuki* in *Zenkutsu Dachi* ausgeführt. Nun folgt eine kurze Pause.

Richtung 5
Es erfolgt eine Drehung um 90 Grad
mit *Gedan Barai* in *Zenkutsu Dachi*
und sich anschließendem *Junzuki* in
Zenkutsu Dachi, dem wieder eine
Pause folgt.

Richtung 6
Jetzt geht es zurück durch eine 45-
Grad-Drehung mit *Gedan Barai* in
Zenkutsu Dachi in die Ausgangs-
richtung.

Dann folgt eine Pause, bevor mit
dreimal *Junzuki* in *Zenkutsu Dachi*
vorgegangen wird.

Beim dritten *Junzuki* wird ein *Kiai*
ausgestoßen, und es folgt wieder
eine Pause.

Richtung 7
Es schließt sich eine 225-Grad-Dre-
hung mit *Nukite* in *Shiko Dachi* an.
Vor dem *Nukite* werden die Hände
übereinandergelegt. Die linke Hand
liegt oben und zeigt mit der Handfläche nach oben, die rechte Hand
zeigt mit der Handfläche nach unten.

Beim *Shiko Dachi* stehen die Füße
etwa doppelt schulterbreit auseinander. Die Beine werden gleichmäßig
belastet. Die Füße zeigen leicht nach
außen.

Nun folgt ein weiterer *Nukite* in *Shiko Dachi*. Die rechte Hand liegt dabei oben.

Richtung 8
Eine 90-Grad-Drehung schließt sich an. *Nukite* in *Shiko Dachi* wird danach zweimal ausgeführt. Beim erstenmal liegt die rechte Hand oben, beim zweitenmal die linke Hand.

Nun wird erst der linke Fuß etwas
herangezogen, dann der rechte.
Man steht wieder in *Shizentai*. Die
Kata ist damit beendet.

Pinan-Shodan-Diagramm

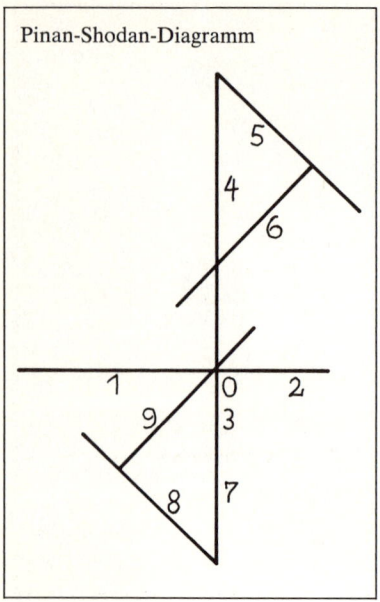

Pinan Shodan

Die wichtigste Technik bei *Pinan Shodan* ist der *Shuto Uke*, ein Handkantenblock. Bei diesem Block wird der Arm vor dem Körper auf die andere Seite genommen. Die Handinnenfläche zeigt zum Ohr. Der Ellbogen zeigt nach unten. Nun wird der Unterarm mit einer Handdrehung nach vorn gedreht, so daß die Handfläche schräg nach vorn zeigt.

Pinan Sandan-Diagramm

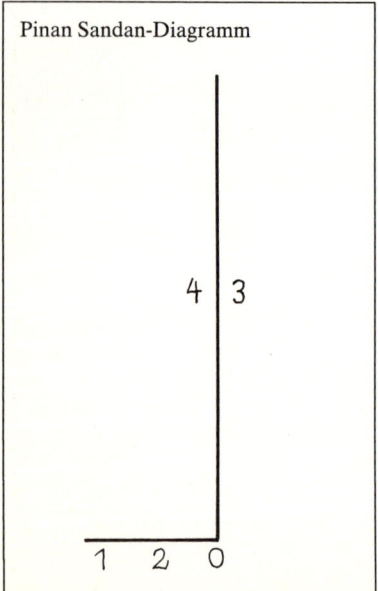

Pinan Sandan

Pinan Sandan beinhaltet neben Doppelblocks (*Harai Uke / Chudan Barai*) und *Empi*-Techniken vor allem *Hiji Uke* mit anschließendem Konter. *Hiji Uke* ist ein Block mit dem Unterarm, wobei die Faust nach unten zeigt. Durch eine Hüftdrehung, die mit der Armdrehung von außen nach innen verbunden ist, wird der Block mit der Außenseite des Unterarms ausgeführt.

Pinan Yodan

Pinan Yodan besteht neben *Hiza Geri* (Kniestoß) und *Jyuji Uke* (Doppelblock) besonders aus der Kombination von Abwehr und Konter (*Chudan Barai / Maegeri*) und aus dem *Nekoashi Dachi*, z. B. *Ma Hanmi Nekoashi* mit *Soto Harai Uke*. Dieser *Jodan Soto Harai Uke* ist ein Block mit der Innenseite des Unterarms von innen nach außen. In der Endstellung ist die Faust in Kopfhöhe, und der Unterarm zeigt vertikal nach unten. Die andere Hand liegt als Deckung vor dem Körper. Bei der Fußstellung *Ma Hanmi Nekoashi* ist der vordere Fuß nur mit dem Ballen aufgesetzt, und zwar weit nach vorn. Dann erfolgt der Wechsel zu *Ma Shomen Nekoashi* mit *Kakiwake Uke*, einem Doppelblock. Die Fußstellung *Ma Shomen Nekoashi* ist kürzer als *Ma Hanmi Nekoashi*, und der Fuß ist wieder nur mit dem Ballen aufgesetzt.

Pinan Godan

Für *Pinan Godan* läßt sich nur schwer eine einzelne Technik als bestimmend herausgreifen, da ausschließlich unterschiedliche Techniken aneinandergereiht werden. Da diese Techniken aus verschiedenen Fußstellungen heraus ausgeführt werden, kommt der Schwerpunktverlagerung in dieser *Kata* besondere Bedeutung zu. Herausragende Technik ist der *Gyakuzuki* aus *Ma Shomen Nekoashi*, da hier aus einer instabilen Stellung eine starke Fausttechnik ausgeführt werden muß. Ein weiterer wichtiger Punkt ist die Aus-

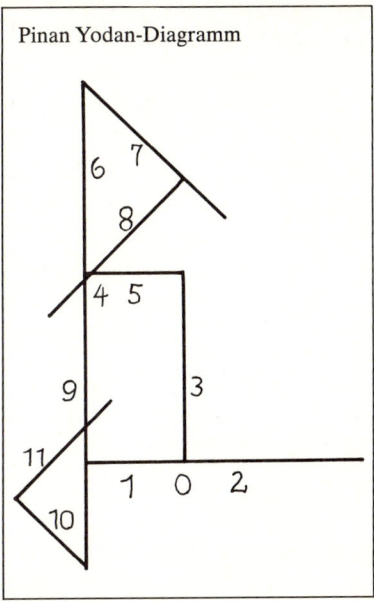

Pinan Yodan-Diagramm

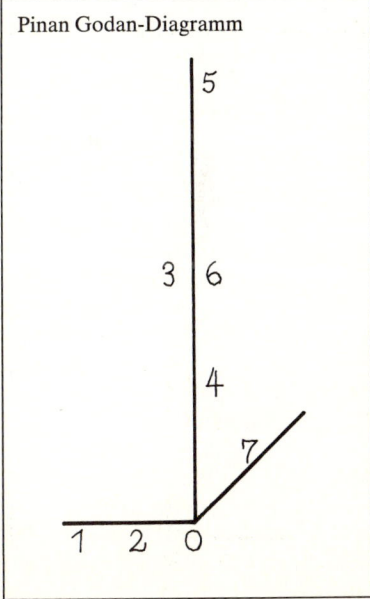

Pinan Godan-Diagramm

führung mehrerer verschiedener Blocktechniken aus *Zenkutsu Dachi* (*Jyuji Uke, Jodan Uke, Haishu Uke* und *Otoshi Uke*). Eine andere Schwierigkeit ist ein Sprung mit anschließendem tiefen Hinuntergehen mit Doppelblock. Der tiefe Stand ist hier *Kamae* (Angriffshaltung), so besteht die Möglichkeit, mehrere verschiedene Techniken auszuführen.

Kumite

Kumite ist die kampforientierte Übungsform mit Partner. Sie kann als *Sanbon Kumite, Yakusoku Kumite* oder *Jyuyi Kumite* angewendet werden. Beim *Kumite* werden alle Techniken schnell zurückgezogen. Beim *Sanbon Kumite* und *Yakusoku Kumite* werden auch Techniken wie Kniestöße (*Hiza Geri*), Tritte zum Knie (*Fumikomi*), Fingerstöße (*Nukite*) und ähnliches geübt, die im sportlichen Wettkampf verboten sind. Wer *Sanbon Kumite* und *Yakusoku Kumite* korrekt beherrscht, wird auch stilistisch gut kämpfen. Erst durch diese kampforientierten Übungsformen ist es möglich geworden, ohne Verletzungsrisiko das Kämpfen zu üben.

Sanbon Kumite
Sanbon Kumite ist eine Übungsform, bei der dreimal hintereinander mit der gleichen Technik angegriffen wird, nur der dritte Angriff wird geblockt, dann folgt ein Konter.
Diese Übungsform wird betont grundschulmäßig ausgeführt, d. h., alle Techniken sollen so korrekt wie im *Kihon* ausgeführt werden, auch wenn ein Partner als Erschwerung hinzugekommen ist. Durch den dreimaligen Angriff kann man sich auf die Schrittlänge und die Schnelligkeit des Partners einstellen. Die Übungen sind genau festgelegt, so daß beide Partner wissen, wie zu agieren ist.
Der Sinn dieser Übungsform liegt darin, unter vereinfachten Bedingungen am Partner üben zu können. So ist es möglich, genau zu kontrollieren, ob der richtige vitale Punkt getroffen wird und ob der Abstand (*Mawai*) so gewählt wurde, daß ein Treffer überhaupt möglich ist. Auf diese Weise werden alle *Keri-* (Fußtechniken), *Tsuki-* (Fausttechniken) und *Uchi-*Techniken (Schlagtechniken) eingeübt. Beim *Sanbon Kumite* kann man sehr gut ein Gefühl für die Härte der Schläge und für den Kontakt mit dem Partner bekommen.
Der Körperstellung (*Shisei*) und dem Stand (*Dachi*) kommt nun besondere Bedeutung zu, da zum Beispiel bei zu stark nach vorn gebeugtem Oberkörper der eigene Angriff nicht erfolgreich ist, sondern man quasi in den Gegner hineinfällt oder ihm ideale Möglichkeiten zum Kontern bietet. Ist der Stand nicht gut, kommt es zu Gleichgewichtsproblemen, oder die Technik kann gar nicht ausgeführt werden, weil kein Hüfteinsatz möglich ist.

Der Respekt vor dem Partner wird betont, indem man sich vor Beginn der Übung vor seinem Partner verbeugt und nun erst in die Angriffsstellung geht. Erst wenn beide Partner sich ruhig gegenüberstehen, wird mit einem Angriff begonnen. Nach der Übung geht man dann wieder ruhig, aber aufmerksam in die Ausgangsstellung zurück und beginnt dann von neuem.

Zwei Beispiele für Sanbon Kumite:

Jodan Uke Ipponme
Der Angreifer führt dreimal einen *Junzuki Jodan* aus. Der Verteidiger blockt zweimal mit *Age Uke*.
Beim dritten Angriff setzt er das Bein hinten etwas zur Seite. Die Faust macht aus dem *Age Uke* einen *Tsuki*, so daß sie in der Endstellung mit dem Daumen nach unten zeigt. Der Arm ist etwas gebeugt.

Nun folgt *Gyakuzuki Chudan*.

Man setzt dann das hintere Bein noch etwas zur Seite und schlägt mit der Hand hinter den Hals des Angreifers. Die Hand greift in den Nakken, und derselbe Arm drückt mit dem Ellbogen den Arm des Angreifers hoch, so daß dieser damit keine Technik ausführen kann.

Nun folgt *Gyakuzuki Jodan*,

dann noch einmal *Gyakuzuki Jodan* am Kopf des Angreifers vorbei. Dabei wird die Hüfte stark mit eingedreht. Im Zurückziehen greift die Hand in den Nacken des Angreifers.

Nun folgt *Hiza Geri* (wie Ansatz *Mawashigeri*, d. h. von der Seite). Der Kopf des Angreifers wird dabei auf die Schulter zu gezogen.

Otoshi Uke Nihonme
(*Chudan Uchi Uke – Otoshi Uke Nihonme – Fumikomi Empi*)
Der Angreifer macht dreimal *Junzuki Chudan*. Der Verteidiger blockt zweimal mit *Uchi Uke*.
Beim drittenmal blockt er mit *Otoshi Uke*.

Im Anschluß an den Block geht er etwas vor und zieht am Arm des Angreifers, so daß er dessen Gleichgewicht bricht. Dabei tritt er mit der Fußkante von hinten in die Kniekehle des Angreifers.

Beim Absetzen des tretenden Fußes wird das Gewicht auf den Angreifer zu verlagert und ein *Empi* zum Gesicht ausgeführt.

Yakusoku Kumite

Yakusoku Kumite bedeutet, daß die Angriffe und Abwehrtechniken abgesprochen sind. So gesehen ist *Sanbon Kumite* eigentlich auch *Yakusoku Kumite*. Doch wird beim *Yakusoku Kumite* nicht mehrere Male hintereinander die gleiche Technik benutzt.

Yakusoku Kumite ist vor allem das *Kihon Kumite*, wo der Verteidiger ‹gewinnt›, und das *Ohyo Kumite*, bei dem der Angreifer ‹gewinnt›.

Da bei diesen *Kumite*-Formen nur einmal angegriffen wird, wobei der Angriff auch aus mehreren Techniken bestehen kann, kommt diese Form dem Wettkampf (*Shiai*) schon sehr nahe. Beide Partner agieren hier schon mit mehreren Techniken, die jedoch genau abgesprochen sind.

Der Abstand ist bei diesem *Kumite* besonders wichtig, auch auf die Körperstellung (*Shisei*) beziehungsweise die Körperdrehungen (*Tai-Sabaki*) und die Fußstellungen (*Dachi*) ist besonders zu achten.

Beispiel für Yakusoku Kumite:

Ohyo Kumite Yonhonme

Der Angreifer führt im Stand *Jodan Junzuki* und *Chudan Gyakuzuki* aus. Dem Verteidiger bleibt nur so viel Zeit, daß er eine leichte Ausweichbewegung nach hinten machen kann.

Nun kontert er mit *Junzuki Jodan* im Stand. Dabei legt er das Gewicht wieder nach vorn. Der Angreifer dreht durch eine Bewegung der Hüfte seinen Körper seitlich zum Verteidiger und geht etwas tiefer. Dabei führt er einen Angriff mit der Handkante (*Shuto*) zum Hals aus.

Nun gleitet er etwas an den Verteidiger heran und streift dabei so am Hals des Verteidigers entlang, daß dieser den Kopf nach hinten nimmt. Dabei geht die andere Hand in die Kniekehle. Der Handrücken zeigt nach oben.

Nun wird der Verteidiger ausgehoben und mit einer Halbkreisdrehung geworfen.

Der Angreifer behält den Arm des Verteidigers die ganze Zeit unter Kontrolle und hebelt sofort nach dem Wurf über Knie oder Schienbein.

Nun folgt ein *Tsuki* oder *Uraken* zum Kopf des Verteidigers.

Übungsformen beim Sanbon Kumite und Yakusoku Kumite
– Zunächst wird der gesamte Ablauf so oft wiederholt, bis er beherrscht
  wird;
– dann wird das Ausführungstempo gesteigert, indem das Angriffstempo
  erhöht wird und damit der Verteidiger zu schnelleren Reaktionen ge-
  zwungen ist;
– dann wird in einem unregelmäßigen Rhythmus angegriffen, so daß die
  Reaktion des Verteidigers geschult wird;
– als höchste Stufe soll nur dann reagiert werden, wenn es die Situation,
  d. h. die Stellung des Angreifers, dessen Schnelligkeit usw. erlaubt.

Jiyu Kumite

Jiyu Kumite ist Freikampf. Beim Freikampf dürfen fast alle Techniken angewendet werden. Ausgenommen sind direkte Angriffe zur Wirbelsäule, zu den Hoden, zum Knie und zum Kehlkopf. Darüber hinaus sind Kniestöße und Angriffe mit den Fingern verboten.

Im Training gibt es als Übungsformen für den Kampf das *Randori* und den Freikampf. Ein *Randori* ist ein Übungskampf, bei dem in lockerer Form versucht wird, alle bisher gelernten Techniken aus der Bewegung heraus anzuwenden. Beim Freikampf dagegen wird ein Sieg angestrebt, auch wenn im Training normalerweise bei beiden Formen kein Kampfrichter agiert.

Vor und nach jedem Kampf verbeugt man sich voreinander. Die wichtigsten Ausdrücke, die bei diesen Übungsformen benutzt werden, sind:

Hajime = kämpft!
Yame = Stop!, halt!

Übungsformen für Jiyu Kumite

- Es wird nur mit einer Technik in genau definierter Angriffshöhe angegriffen. Der Partner soll blocken und kontern (*Jiyu Ippon Kumite*). Allmählich wird die Zahl der Techniken, mit denen nacheinander angegriffen wird, erhöht;
- nun werden mit verschiedenen Techniken unterschiedliche Angriffsstufen angegriffen (*Jodan, Chudan, Gedan*), die Unbestimmtheit der Situation wird erhöht;
- Kämpfen gegen mehrere Gegner nacheinander;
- Kämpfe unter erschwerten Bedingungen (z. B. auf engem Raum, mit einem Fuß in einem kleinen Kreis, mit dem Rücken zur Wand, mit einer Hand im Gürtel usw.);
- Kämpfe gegen zwei Gegner gleichzeitig;
- Kämpfe im Kreis, d. h., ein Kämpfer steht im Kreis, fünf oder mehr Gegner stehen um ihn herum und greifen nacheinander mit festgelegten Techniken an oder benennen die Techniken kurz vor dem Angriff.

Durch diese Übungsformen sollen spontanes, intuitives Reagieren und gesteigerte Konzentration geübt werden.

Zur Trainingsplanung

Trainingsplanung muß sich nach der Struktur der Gruppe, der Ausbildung des Trainers und den situativen Bedingungen (z. B. Größe der Halle, Anzahl der Teilnehmer usw.) richten.

Die Trainingsplanung kann für Einzelstunden (Trainingseinheit) und für Perioden des Trainings vorgenommen werden. Dafür müssen zunächst die angestrebten Ziele definiert werden. Ziele können sein: Einführung einer neuen Technik, Verbesserung einer bestimmten Technik, Einführung einer Partnerübung oder *Kata*, Vorbereitung auf eine Gürtelprüfung oder einen Wettkampf usw.

In die Trainingsplanung einer Stunde muß bereits die Gymnastik mit einbezogen werden. Sie soll so aufgebaut sein, daß der Schwerpunkt auf die Körperteile gelegt wird, die für das Erreichen des speziellen Ziels besonders benötigt werden.

Sollen z. B. neue Techniken eingeführt werden, müssen bekannte Techniken kurz wiederholt werden, um zum einen eine Einstimmung auf Karatetechniken zu erreichen und zum anderen die Abgrenzung zu den später zu erlernenden Techniken zu erleichtern. Die einzelnen Phasen der neuen Techniken werden dann zunächst geübt, eventuell auch schon unter erschwerten Bedingungen, d. h. z. B. ganz langsam, damit sich der neue Bewegungsablauf festigt.

Bei der Einführung von Partnerübungen können in der Grundschule die notwendigen Techniken, z. B. *Maegeri, Uraken* oder *Gyakuzuki*, zunächst einzeln geübt werden. Dann werden sie als Kombination z. B. in der Form *Maegeri/Gyakuzuki* oder *Uraken/Gyakuzuki* zusammengefaßt. Dann folgt *Maegeri/Uraken/Gyakuzuki*. Die nun folgenden Partnerübungen können darauf aufbauend sein: *Maegeri* als Angriff und *Uchi Harai Uke* als Block, dann *Maegeri* als Angriff und *Uchi Harai Uke/Gyakuzuki* als Aktionen des Verteidigers. Es folgt als eigentliches Ziel der Stunde der Angriff *Maegeri*, und gekontert wird mit *Uchi Harai Uke/Uraken/Gyakuzuki*. Dies ist die Grobform. Es folgen Variationen der Angriffsschnelligkeit, Variation des Angriffsrhythmus, situationsgerechte Realisation der Block- und Kontertechniken.

Für die Einführung der *Kata* gilt ähnliches. So werden wieder die Einzeltechniken separat im *Kihon* geübt und dann Bewegungsverbindungen der *Kata* als Kombination. Einzelne Teile der *Kata* können dann als Partnerübungen praktiziert werden, damit ihr Zweck und die wichtigsten Kriterien bei der Ausführung deutlich werden. So vorbereitet sollte zunächst der Ablauf der ersten beiden Richtungen der *Kata* geübt werden, bis er ohne Fehler realisiert wird. Dann folgt jeweils die Hinzunahme der nächsten

Richtung usw. Ist der Gesamtablauf erlernt, werden die Feinheiten hinzugenommen: korrekte Stände, schnelle Wendungen, Blickwendungen vor Richtungsänderungen, Zusammenfassung der Techniken zu Gruppen, kampfmäßige Realisierung der Einzeltechniken und Bewegungsverbindungen.

Die Planung für die Vorbereitung einer Gruppe auf eine Gürtelprüfung umfaßt einen Zeitraum von ca. 3–6 Monaten. In der Anfangsphase werden die einzelnen neuen Techniken, Partnerübungen und *Katas* wie oben beschrieben eingeführt. Diese sollten wegen der breiten Grundausbildung durch Freikampfübungen und spezielle Konditionsübungen ergänzt werden. Die einzelnen Prüfungsteile sind zunächst in bekannte Übungen zu integrieren, und erst allmählich sollte die Spezialisierung auf das Prüfungsprogramm erfolgen.

Eine Wettkampfsaison gibt es im Karate nicht, so daß es auch keine langfristige Periodisierung des Trainingsjahres gibt. Ein spezielles Wettkampftraining kann nur in Leistungsgruppen mit gleicher Disziplin (vgl. Kap. Wettkampfdisziplinen) geleistet werden. In Kampfgruppen sollten neben Technikschulung, Kombinationen und Reaktionsübungen auch taktische Überlegungen mit einbezogen werden. Dazu ist es notwendig, die Wettkampfsituation mit Kampfrichtern zu simulieren, damit die Kämpfer nicht nur das Gefühl für die situationsgerechte korrekte Anwendung der Techniken bekommen, sondern auch die Sichtweise eines Kampfrichters mit einbeziehen können, sich an die Kampfflächenbegrenzung gewöhnen und mit dem Gefühl bekannt werden, aus der Masse herauszutreten und für sich allein vor kritischen Augen kämpfen zu müssen. Dabei sollte ein Karateka als Betreuer fungieren, um zu lernen, den Anweisungen eines Betreuers zu folgen und diese im Kampf umzusetzen.

Training mit Kindern und Jugendlichen

Da im Karate verschiedene Bewegungen einzelner Körperteile gleichzeitig oder in sehr kurzen Zeitabständen hintereinander ausgeführt werden müssen, werden hohe Anforderungen insbesondere an die Steuerung der Extremitäten und die Koordination der Teilbewegungen gestellt. Diese Fähigkeiten besitzen Kinder erst ungefähr ab dem zwölften Lebensjahr. Kinder, die jünger sind, können zwar schon verstehen, welche Bewegungen von ihnen verlangt werden, aber besonders bei schnellen azyklischen Bewegungen verlieren sie die Kontrolle über die Extremitäten. Sie können bei solchen Bewegungen ihre Extremitäten noch nicht bewußt steuern. Darunter fallen zum Beispiel Schrittstellungen, die über die Alltagsmotorik hinausgehen und mit gleichzeitiger dynamischer Ausführung einer Armbewegung nach vorn mit gleichzeitigem Zurückziehen des anderen Arms gekoppelt sind. Dies ist zum Beispiel beim *Gyakuzuki* der Fall. Vor allem die bei allen Fausttechniken verlangte Streckung des Arms mit gleichzeitigem Drehen der Faust stellt für diesen Altersbereich eine Überforderung dar.

Man sollte mit Kindern im Alter von zwölf Jahren in Form eines Gruppentrainings, das den Charakter einer Gymnastik hat, anfangen. Dafür wird eine bestimmte Aufstellung, zum Beispiel in Reihen, gewählt. Dann werden die Grundtechniken ohne Kraft, wie die Übungen einer Gymnastik, aneinandergereiht, damit die Kinder, die viel Zeit benötigen, um genaue Bewegungen mit den Armen und Beinen zu erlernen, sich an diese Bewegungen gewöhnen. In Japan und China ist diese Form der Karate-Gymnastik sehr verbreitet. Sie wird besonders morgens in den Parks und vor den Schulen geübt, um die Gesundheit der Kinder zu stärken und ihre Konzentration zu verbessern. Wenn diese Übungsform von den Kindern gut beherrscht wird, dann kann man zu anderen Trainingsformen übergehen und den Schwierigkeitsgrad steigern. Die Techniken werden nun in Form von genau festgelegten Diagrammen ausgeführt, so daß jetzt auch Richtungsänderungen einbezogen sind.

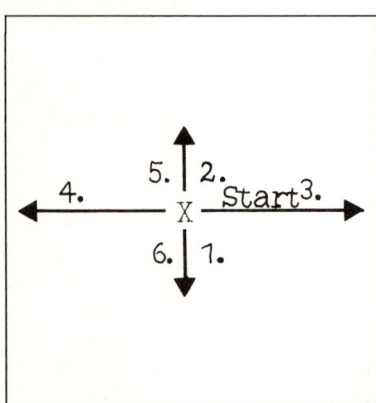

Beispiel
In *Shizentai* (Füße schulterbreit auseinander) wird begonnen (X = Start). Nachdem man in Richtung 6 gegangen ist, zieht man das vordere Bein heran und steht wieder auf dem Ausgangspunkt in *Shizentai*. Dann werden immer zwei gleiche Techniken aneinandergereiht, zum Beispiel zweimal *Gedan Barai, Age Uke* oder *Tsuki*; später dann jeweils zwei verschiedene Techniken, wie z. B. *Gedan Barai/Tsuki* oder *Age Uke/Tsuki*.

Welche Techniken man in dieser Form übt, hängt von der *Kata* ab, für die diese Vorübungen benutzt werden. Möchte man zum Beispiel die erste *Kata Pinan Nidan* einführen, dann sollte *Gedan Barai/Tsuki, Age Uke/Age Uke, Tsuki/Tsuki* vor allem geübt werden, da diese Techniken am häufigsten in dieser *Kata* vorkommen. Will man *Pinan Shodan*, die zweite *Kata*, zeigen, sollte vorher vor allem *Shuto Uke* in dieser Form geübt werden, weil dies die wichtigste neue Technik dieser *Kata* ist. Solche Vorübungen sind besonders wichtig, um das Prinzip der Wendungen in der *Kata* zu verdeutlichen und – ohne die Überforderung durch die Vielfalt der in einer *Kata* enthaltenen Techniken – ein Raster zu schaffen, in das die anderen Techniken dann ohne große Probleme eingefügt werden können.

In Vereinen trainiert man gewöhnlich ein- oder zweimal in der Woche. Dort ist es schwierig, so einen Trainingsplan zu verwirklichen, weil nicht genügend Zeit zur Verfügung steht. Man sollte diese Vorübungen aber trotzdem möglichst vor jeder neuen *Kata* durchführen, und nicht nur bei Kindern. Man kann diese Übungsform notfalls als Teil in die Gymnastik mit einbauen.

Diese beiden Übungsformen, die Grundschul-Gymnastik und die *Kata*-Vorübungen, werden mit Kindern circa zwei bis drei Jahre ausschließlich praktiziert. Erst dann geht man zu Partnerübungen über. So entwickelt sich das Bewegungsrepertoire zu solch einer Stabilität, daß die Kinder auch bei der Anwendung am Partner nicht überfordert sind. Karate kann so in einer veränderten Form schon Kindersport sein, der die Konzentration und Ernsthaftigkeit beim Lernen fördert und die Grundlage für spätere Spitzenleistungen schafft.

Überlastungen (besonders der Wirbelsäule) können im Karate wegen der vielseitigen Beanspruchung ohne zusätzliche Lasten nicht auftreten. Bei Kindern und Jugendlichen ist die Gefahr einer psychischen Überlastung größer als die Gefahr einer physischen Überlastung. In jedem Fall sollte man eine frühzeitige Spezialisierung zugunsten einer breiten Grundausbildung vermeiden, besonders um nicht schon früh die motorische Lernfähigkeit verkümmern zu lassen.

Die einzige Form des Kampftrainings für Kinder und Jugendliche bis zum Alter von ca. 16 Jahren sollte das *Jiyu Ippon Kumite* sein (vgl. S. 123). Hier stehen sich beide Partner gegenüber und agieren mit genau festgelegten Angriffen und Abwehr- und Kontertechniken. Dabei sollte Wert auf eine grundschulmäßige Ausführung gelegt werden. Im *Jiyu Ippon Kumite* können auch Wettkämpfe ausgetragen werden, um die Lernbereitschaft der Kinder und Jugendlichen zu fördern und einen Anreiz zu schaffen. Bei solchen Wettkämpfen wird die Genauigkeit, mit der die Bewegungsabläufe realisiert werden, bewertet. Diese Wettkampfform wird in Japan mit Jugendlichen bis zum 16. Lebensjahr betrieben und erfreut sich größter Beliebtheit.

Wettkämpfe in Form eines Freikampfes (*Jiyu Kumite*) sollte man bis zu diesem Alter nicht machen, weil sonst leicht eine physische und psychische Überlastung eintritt und die Trainingsbereitschaft auf Grund von Mißerfolgen oder Angsterlebnissen rasch nachlassen kann.

Training mit Frauen

Im Wettkampf kämpfen Männer und Frauen nach den gleichen Regeln. Doch besonders Frauen sollten beim sportlichen Karate nie vergessen, daß Karate auch Selbstverteidigung ist. Deshalb sollten sie im sportlichen Wettkampf bemüht sein, Techniken so anzuwenden, wie sie auch gegen körperlich Überlegene benutzt werden können. Dazu gehört, *Aiuchi* (beide Gegner machen gleichzeitig eine wertbare Technik) zu vermeiden, weil im wirklichen Kampf auch bei *Aiuchi* immer derjenige mit der stärkeren Technik gewinnen würde. Frauen sollten sich bemühen, technisch perfektes Karate zu machen, d. h. die Abwehr korrekt auszuführen und nicht Kraft gegen Kraft einzusetzen versuchen. Außerdem sollten sie die vitalen Punkte genau ausnutzen. Damit sind dann die Fähigkeiten, die im sportlichen Wettkampf erworben werden, auch für die Selbstverteidigung einsetzbar.
Im Frauenkarate ist das Schwergewicht auf die Schnelligkeit und das Ausweichen (*Sabaki*) zu legen. Durch schnelle Bewegungen und Ausweichen des Angriffs ergeben sich größere Möglichkeiten als durch den Einsatz von Kraft; trotzdem kann das gleiche Ergebnis erreicht werden.

Training mit Älteren

Karate kann in jedem Alter betrieben werden. Da Karate eine deutliche Ausdauerkomponente enthält und darüber hinaus alle Körperteile gleichmäßig belastet, ist es auch für ältere Menschen als gesunde Sportart geeignet. Karateka, die älter als 40 Jahre sind, nehmen nicht mehr am *Kumite*-Wettkampf teil und sind auch bei Gürtelprüfungen vom Kämpfen befreit. Eine Übungsform, die für Ältere besonders geeignet ist, ist die *Kata* (vgl. S. 101ff). In dieser Disziplin können, nachdem die aktive Kämpferzeit vorbei ist, noch Wettkämpfe bestritten werden. Die *Kata* ist eine Form, in der die individuellen Fähigkeiten besonders zum Ausdruck gebracht werden können und die darüber hinaus unabhängig vom Leistungsstand der anderen Übenden realisiert werden kann.
Grundsätzlich kann man Karate in das Kraftkarate und das Technikkarate einteilen. Das entspricht den Prinzipien *Go* und *Jyu* (hart und weich). Nur wer jung ist, kann Kraftkarate betreiben und muß später zum Technikkarate übergehen, um noch erfolgreich zu sein und sich weiterentwickeln zu können.

Kraft, Schnelligkeit ...

... und Reaktionsvermögen: Eigenschaften, die den erfolgreichen Karate-kämpfer auszeichnen.
Die eigenen Chancen frühzeitig erkennen und im rechten Augenblick handeln, kann aber auch in anderen Bereichen des Lebens von Vorteil sein.

Wenn man älter geworden ist, sollte man alle Techniken auch im Kampf locker ausführen. Außerdem sollte auch im fortgeschrittenen Alter eine einseitige Spezialisierung auf eine Form vermieden werden.
Beim Training mit Älteren sollte die Gymnastik 20 Prozent der Zeit einnehmen und vor allem Dehnübungen enthalten, die langsam ausgeführt werden. *Kihon* ist mit 20 Prozent vertreten und *Kata* mit 35–40 Prozent. Auf *Yakusoku Kumite* entfallen 10–15 Prozent und auf *Jiyu Kumite* 5–10 Prozent.

Zur Dojo-Etikette

Die *Dojo*-Etikette geht auf das *Ogasawararyu* im Japan des 13. und 14. Jahrhunderts zurück. Dies waren Verhaltensregeln der *Samurai*, die ein reibungsloses Miteinander erlauben sollten. So konnten *Samurai* z. B. bei Begegnungen auf der Straße links aneinander vorbeigehen, im Palast jedoch mußten sie einander dabei die rechte Seite zuwenden, weil so weniger leicht das Schwert zu ziehen war. Oder sie mußten nach dem Verbeugen (*Rei*) erst mit dem linken Fuß zurückgehen. Solche Vorschriften haben sich im Karate bis heute erhalten. Der Einfluß des Buddhismus auf die Verhaltensregeln der *Samurai* (vgl. S. 13 f) dokumentiert sich noch heute im Karate durch einfache Regeln, Unkompliziertheit und das besondere Lehrer-Schüler-Verhältnis, das eine bedingungslose Unterordnung des Schülers unter den Meister (*Sensei*) verlangt.
Dojo ist die japanische Bezeichnung für den Übungsraum. In Japan haben *Dojos* eine besondere Atmosphäre, weil sie nur aus natürlichen Materialien, z. B. Holz, bestehen und mit zahlreichen Symbolen geschmückt sind. An der Stirnseite (*Shomen*) hängt meistens das Emblem des jeweiligen Karate-Clubs und ein Bild seines Gründers. Diese Symbole erfahren geradezu religiöse Verehrung.
Die *Dojo*-Etikette läßt sich unter den Aspekten des Sport-Karate und des Budo-Karate betrachten:
Beim *Sport-Karate* hat die *Dojo*-Etikette die Funktion von *Organisationsprinzipien*, um die Konzentration zu fördern und um über den Respekt vor dem Partner/Gegner Aggressionen zu dämpfen oder zu lenken. Dazu gehören das An- und Abgrüßen und die Verbeugungen. Zu Beginn des Trainings nehmen alle Schüler in einer Reihe, nach Gürtelgraden geordnet, Aufstellung. Der in der Reihe ganz rechts stehende, ranghöchste Schüler sagt die Begrüßungsformeln. Diese sind nicht in allen Karatestilrichtungen und *Dojos* identisch. Im *Wado-Ryu* knien alle auf «*Seiza*» gemeinsam ab,

auf «*Sensei ni Rei*» verbeugen sie sich nach vorn und auf «*Otagai ni Rei*» noch einmal. Auf «*Kirizu*» stehen nun alle gemeinsam auf und verbeugen sich noch einmal im Stand. Das Abknien und Verbeugen auf «*Rei*» ist überall üblich. «*Rei*» bedeutet die Bereitschaft zu Disziplin, Zurückhaltung und Respekt; «*Sensei ni Rei*» ist eine Respektbezeugung für den Lehrer, und «*Otagai ni Rei*» bedeutet für die Karateka untereinander, daß sie sich verpflichten, sich zu bemühen, gemeinsam zu lernen und sich nicht gegenseitig zu behindern.

Wenn jemand zu spät zum Training kommt, setzt er sich im *Dojo* neben der Eingangstür auf den Boden, verbeugt sich zweimal kniend und wartet auf das Zeichen des Trainers, der ihm bedeutet, daß er mitmachen darf.

Das Abgrüßen erfolgt genauso wie das Angrüßen, doch wird meistens in der *Seiza*-Phase länger verharrt, und auf ein Zeichen (*Mokuso*) schließen alle die Augen und versuchen sich zu entspannen und das Gelernte im Geiste noch einmal an sich vorbeiziehen zu lassen.

Diese meditativen Einflüsse werden für den Karateka erst mit zunehmendem Interesse an den Hintergründen des Karate wichtig. Für viele Sportler sind es lediglich äußere Formen, die den Trainingsablauf regeln.

Bei jedem Betreten oder Verlassen des *Dojos* verbeugt man sich am Eingang in Richtung auf das *Dojo*-Innere. Ebenso verbeugt man sich am Beginn und am Ende einer jeden Übungsreihe vor seinem Partner. Diese Geste soll faires Verhalten beim Kämpfen bewirken und den Karateka das Gefühl vermitteln, daß sie für sich und den Partner verantwortlich sind. Wer sportliches Karate betreibt, braucht sich diesen östlichen Gedankengängen nicht anzuschließen. Er kann auch ohne vorherige Verbeugung kämpfen. Auf sportlichen Wettkämpfen verbeugen sich die Kämpfer nur aus Tradition.

Beim *Budo-Karate* steht die *charakterliche Entwicklung* des Karateka im Vordergrund. So gilt das *Dojo* hier als ein Ort, an dem das Prinzip des *Dokyo* (den Weg finden, menschlich gut zu werden) verwirklicht werden soll.

Durch das Begrüßungszeremoniell soll eine bestimmte innere Einstellung zum Training hergestellt werden. Störende Gedanken, Unkonzentriertheit, Unbeherrschtheit, Egoismus usw. sollen vom *Dojo* ferngehalten werden. Gestärkt werden sollen Konzentration, Selbstbeherrschung und Gemeinschaftsgefühl. Oft hört man im *Dojo* das Wort «*Ossu*». «*Ossu*» wird fast wie ein Gruß oder wie eine Art Zustimmung benutzt. Es bedeutet sinngemäß: «eine Unbequemlichkeit auf sich nehmen, etwas erfragen, durchhalten.» Man nimmt sich selbst etwas weniger wichtig, um mit Würde das Geforderte zu leisten. Ebenso hört man häufig die Gegner nach einem Wettkampf zueinander sagen: «*Arigatoo gozaimashita!*» (Vielen Dank für deine Mühe). Für den, der sich mit solchen Inhalten identifiziert und für den dies nicht nur eine spezifische Verhaltensform darstellt, ist Karate mehr als Sport. Vor diesem Hintergrund ist im *Budo*-Karate der Gewinner nicht unbedingt auch der Sieger.

Im *Budo*-Karate ist es nicht gestattet, daß ein Schüler vor Ablauf der Trainingsstunde ohne besonderen Grund sein Training abbricht. Wer z. B. konditionelle Probleme hat, setzt sich unauffällig und ohne die anderen zu stören an die Seite. Wenn die *Dojo*-Etikette streng praktiziert wird, muß dabei die *Seiza*-Position eingenommen werden (auf Knien sitzend), um so über die Ursache des ‹Versagens› und Möglichkeiten seiner Überwindung nachzudenken. Die Anweisungen und Hinweise des Meisters sind in jedem Fall zu akzeptieren; man nickt zustimmend, selbst wenn der Meister irren sollte. Auch in dieser Regel wird das Prinzip deutlich, sich selbst nicht in den Vordergrund zu stellen, sondern Demut zu üben. Dies setzt ein Lehrer-Schüler-Verhältnis voraus, bei dem der Lehrer die Verpflichtung fühlt, sich unermüdlich und mit großer Geduld um seine Schüler zu bemühen, und der Schüler sich dieser Zuwendung durch fleißiges, konzentriertes Üben würdig zu erweisen versucht. Ein Aufgeben während des Trainings wegen konditioneller Schwächen ist daher nicht nur subjektiv beschämend für den *Karateka* selbst, sondern er hat auch objektiv die in ihn gesetzten Erwartungen nicht erfüllt. Jeder Karateka muß selbst entscheiden, wie weit er solche Denkweisen akzeptieren kann.

Im *Budo*-Karate geht der Stärkere die Verpflichtung ein, dem Schwächeren zu einem Lernfortschritt zu verhelfen. *Budo* ist Kampfsport, das Ziel ist, den anderen zu besiegen. Häufig erübrigt sich allerdings das Kämpfen, weil über die Kenntnis der eigenen Grenzen der Kampf schon im voraus entschieden ist. Seine Stärke zu zeigen kann somit das Nichtangriffsprinzip verwirklichen helfen.

Wettkampf

Wettkampfdisziplinen

Im Karate gibt es nicht wie in den meisten anderen Sportarten eine zeitlich befristete Saison. Wettkämpfe finden das ganze Jahr über statt.
Die Disziplinen gliedern sich in *Kumite* (Kampf) und *Kata* (Formübung). *Kumite* wird bei den Männern als Mannschaftskampf mit fünf Kämpfern pro Mannschaft plus zwei Ersatzkämpfern ausgetragen. Bei den Frauen besteht eine Mannschaft meist aus drei Kämpferinnen plus einer Ersatzkämpferin.
Die Disziplin *Kumite* Einzel, also Einzelkampf, wird sowohl von Männern als auch von Frauen betrieben. *Kata* wird entweder als Einzel*kata* oder als Mannschafts*kata* ausgeführt. Eine *Kata*mannschaft besteht grundsätzlich aus drei *Karateka*.
Gewichtsklassen gibt es nur beim *Kumite*. Sie werden jedoch noch nicht bei allen Wettkämpfen identisch eingeteilt.

Damen	*Herren*
bis 53 kg	bis 60 kg
bis 60 kg	60–65 kg
über 60 kg	65–70 kg
	70–75 kg
	75–80 kg
	über 80 kg
	Allkategorie

Beim *Kumite* versucht jeder der Kämpfer mit den erlaubten Techniken (vgl. Kap. «Wettkampftechniken») Punkte zu erzielen (Wertungen vgl. «Wettkampfregeln»), d. h. die Techniken zum richtigen Zeitpunkt mit K.-o.-Potential zum Gegner zu schlagen, ohne ihn wirklich zu treffen. Der Kämpfer mit den meisten Punkten gilt als Sieger.

In der *Kata* müssen die festgelegten Techniken perfekt in der richtigen Reihenfolge und Richtung mit Kampfgeist vorgetragen werden, ohne daß mit einem realen Partner agiert wird (vgl. S. 101 ff). Auch hier entscheidet die höchste Punktzahl über den Sieg.

Wettkampfregeln

Beim *Kumite* (Kämpfen) ist die Kampffläche 8×8 oder 10×10 Meter groß. An jeder Ecke der Kampffläche sitzt ein Seitenkampfrichter (SKR). Vor dem Kampfrichtertisch steht der Hauptkampfrichter (HKR), der den Kampf leitet. Außerdem gibt es noch einen Kampfinspektor, der in Zweifelsfällen eingreift. Stehen pro Kampffläche weniger als fünf Kampfrichter zur Verfügung, kann auch mit zwei flexiblen Kampfrichtern der Kampf geleitet werden.

Die Kämpfer werden zum Kampf aufgerufen; ist aber ein Kämpfer nach dreimaligem Aufruf nicht kampfbereit, gilt der Kampf für ihn als verloren. Aber normalerweise läuft ein Kampf folgendermaßen ab:

Die Kämpfer stehen zunächst außerhalb der Kampffläche. Zur besseren Unterscheidung trägt einer von ihnen einen roten Gürtel. Auf das Zeichen des HKR betreten sie die Kampffläche und gehen bis zu den Markierungen (Linien) auf dem Fußboden. Dort verbeugen sie sich voreinander und vor dem Kampfrichter. Nun sagt der HKR «*Hajime*» (Kämpft!), und die Kämpfer beginnen. Die effektive Kampfzeit beträgt 2 bis 3 Minuten. Wenn der Hauptkampfrichter oder die Seitenkampfrichter eine wertbare Technik, d. h. eine Wettkampftechnik, die K.-o.-Potential enthält, gesehen haben, wird der Kampf durch «*Yame*» (Halt!) unterbrochen, und die Kämpfer gehen sofort in die Ausgangsstellung zurück und warten die Entscheidung ab. Wertungen werden grundsätzlich nur für korrekte Techniken gegeben, die zum richtigen Zeitpunkt mit der richtigen Distanz ausgeführt werden.

Die Seitenkampfrichter zeigen mit ihren Flaggen oder Kellen die Wertungen an. Die Signale mit der roten Flagge beziehen sich auf den Kämpfer mit dem roten Gürtel, die mit der weißen Flagge auf seinen Gegner. Der Hauptkampfrichter verkündet die Wertung, indem er die Technik nennt und dazu mit dem ausgestreckten Arm mit offener Hand zur Seite des erfolgreichen Kämpfers zeigt. Dabei sagt er «*Wazari*» (ein halber Punkt) – der Arm ist seitlich nach unten gestreckt – oder «*Ippon*» (ein Punkt) – der Arm ist seitlich nach oben gestreckt (vgl. S. 137).

Bis zur Einführung der Wettkampfregeln im Jahre 1956 waren alle Techniken im traditionellen Karate erlaubt, und es wurde nach dem K.-o.-Prinzip gekämpft. Heute müssen die Techniken K.-o.-Potential enthalten, dürfen aber nicht zum K. o. führen. Falls dies trotzdem geschieht, wird es geahndet – besonders hart beim Kopfkontakt. Die verschiedenen vitalen Punkte am Kopf dürfen zwar getroffen werden, doch darf es nicht zu Rötungen der Haut oder zu Blutergüssen kommen. Damit liegen beim Kopfkontakt eine gute Technik und eine Disqualifikation sehr eng beieinander. Der Körperkontakt dagegen ist erlaubt; ein leichter Körperkontakt ist sogar Voraussetzung für eine Wertung.

Alle Techniken, die außerhalb der Kampffläche ausgeführt werden («*Jogai*»), werden nicht berücksichtigt. Beim ersten *Jogai* gibt es eine Verwarnung. Wenn der Kämpfer noch einmal herausläuft, erhält er einen *Jogai Chui*, der einen *Wazari* (1/2 Punkt) aufhebt. Beim dritten Herauslaufen erfolgt die Disqualifikation mit «*Shikkaku*». Wegen Herauslaufens aus der Kampffläche kann man also disqualifiziert werden, ebenso wegen anderer Verstöße gegen die Kampfregeln, wie Beißen oder Kratzen oder mißachtende Äußerungen gegen den Gegner. Wer leicht gegen die Regeln verstoßen hat, z. B. Nichtbeachten der Anweisungen des Kampfrichters oder Tiefschläge, kann mit einem Foul (*Hansoku Chui*) bestraft werden. Ein *Hansoku Chui* hebt einen *Wazari* auf. Bei schweren Verstößen, wie harter Kopfkontakt, wird eine Disqualifikation (*Hansoku Make*) ausgesprochen. Verletzt ein Kämpfer seinen Gegner, muß er sich mit dem Rücken zum Gegner hinknien (*Seiza*) und warten, bis geklärt ist, ob der verletzte Karateka weiterkämpfen kann oder nicht. Durch diese Maßnahme soll der Kämpfer Gelegenheit erhalten, über sein Handeln nachzudenken.

Es gibt zwei Kampfsysteme: das *Shobu Ippon* und das *Shobu Sanbon*. Beim *Shobu Ippon* ist der Kampf nach zwei *Wazari* oder einem *Ippon* (1 Punkt) beendet. Beim *Shobu Sanbon* dagegen benötigt man sechs *Wazari* oder drei *Ippon* (3 Punkte), um den Sieg vor dem Ablauf der regulären Kampfzeit zu erreichen. Erzielt kein Kämpfer im Verlauf des Kampfs genügend Wertungen, sagt der Hauptkampfrichter «*Hantei*». Die Seitenkampfrichter geben ihre Stimme einem der beiden Kämpfer oder plädieren auf Unentschieden (*Hikkiwake*). Der Hauptkampfrichter verkündet dann, wer zum *Kachi* (Sieger) erklärt wird, oder beendet den Kampf mit *Hikkiwake* (Unentschieden).

Dann verbeugen sich die Kämpfer wieder voreinander und verlassen die Kampffläche.

Beim Einzelkampf wird so lange gekämpft, bis eine Entscheidung gefallen ist, während beim Mannschaftskampf nach Ablauf der Kampfzeit ein Unentschieden gegeben werden kann. Beim Einzelkampf sind maximal drei Verlängerungen (*Encho*) von je einer Minute möglich, bevor durch *Hantei* die Entscheidung über den Sieger getroffen wird. Beim Mannschaftskampf werden jeweils die Siege der Mannschaften zusammengezählt. Bei gleicher Anzahl von Siegen gibt die Unterbewertung der gewonnenen Kämpfe den Ausschlag. Dabei werden erst die *Ippon* (1 Punkt) und dann die *Wazari* (halber Punkt) berücksichtigt. Sollte auch die Unterbewertung gleich sein, gibt es einen Stichkampf.

Die wichtigsten Ausdrücke beim Kampf:

Hajime	Kämpft!
Yame	Halt, Stop!
Kachi	Sieger
Wazari	ein halber Punkt
Ippon	ein Punkt
Hantei	Aufforderung an die Seitenkampfrichter, ihre Wertung abzugeben
Hansoku Chui	Verwarnung
Hansoku Make	Disqualifikation
Hikkiwake	Unentschieden
Jogai	außerhalb

Die Eintragungen in die Listen der Kämpfer werden mit folgenden Symbolen vorgenommen:

Endergebnisse

○ *Kachi* (Sieger)

△ *Hikkiwake* (Unentschieden)

✕ *Make* (Verlust)

Zwischenwertungen

Ⓕ *Hansoku Chui* (Foul)

Ⓓ *Hansoku Make* (Disqualifikation)

Ⓐ *Fusen* (Aufgabe)

△ *Wazari* (halber Punkt)

○ *Ippon* (ganzer Punkt)

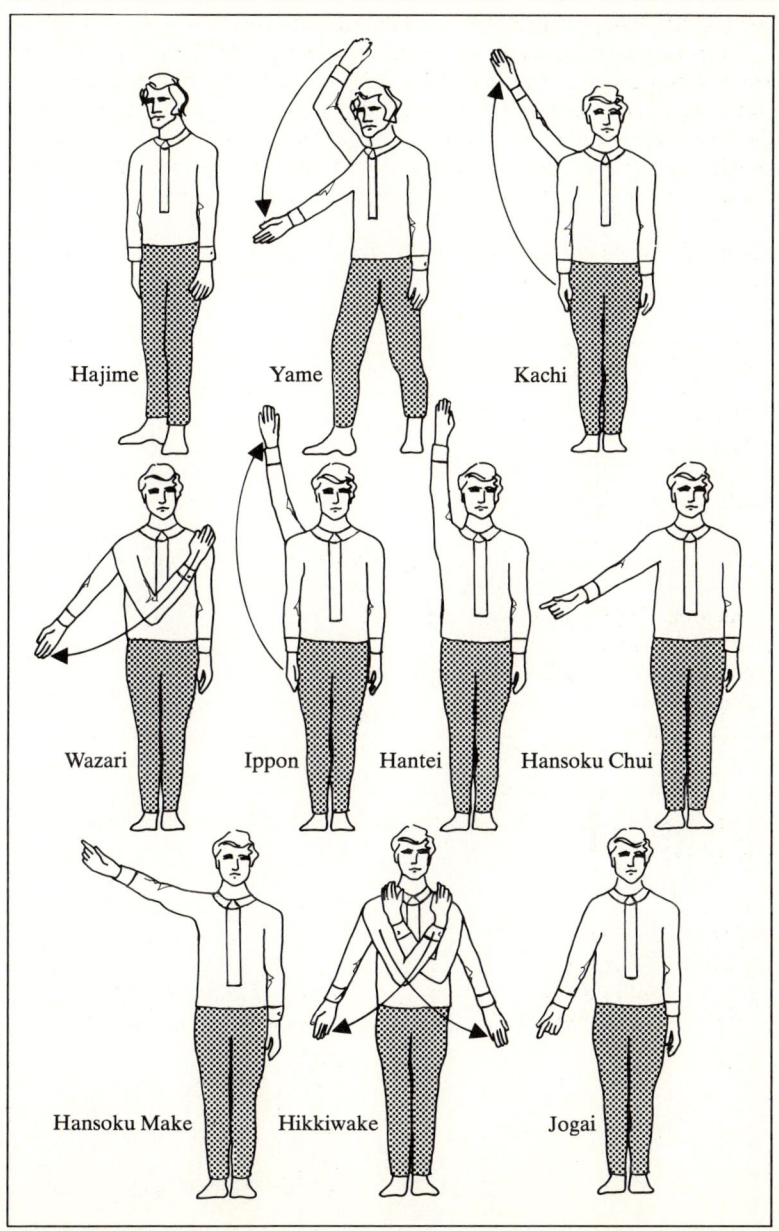

Hajime

Yame

Kachi

Wazari

Ippon

Hantei

Hansoku Chui

Hansoku Make

Hikkiwake

Jogai

Wettkampfliste für Einzel- und Mannschafts-Turniere

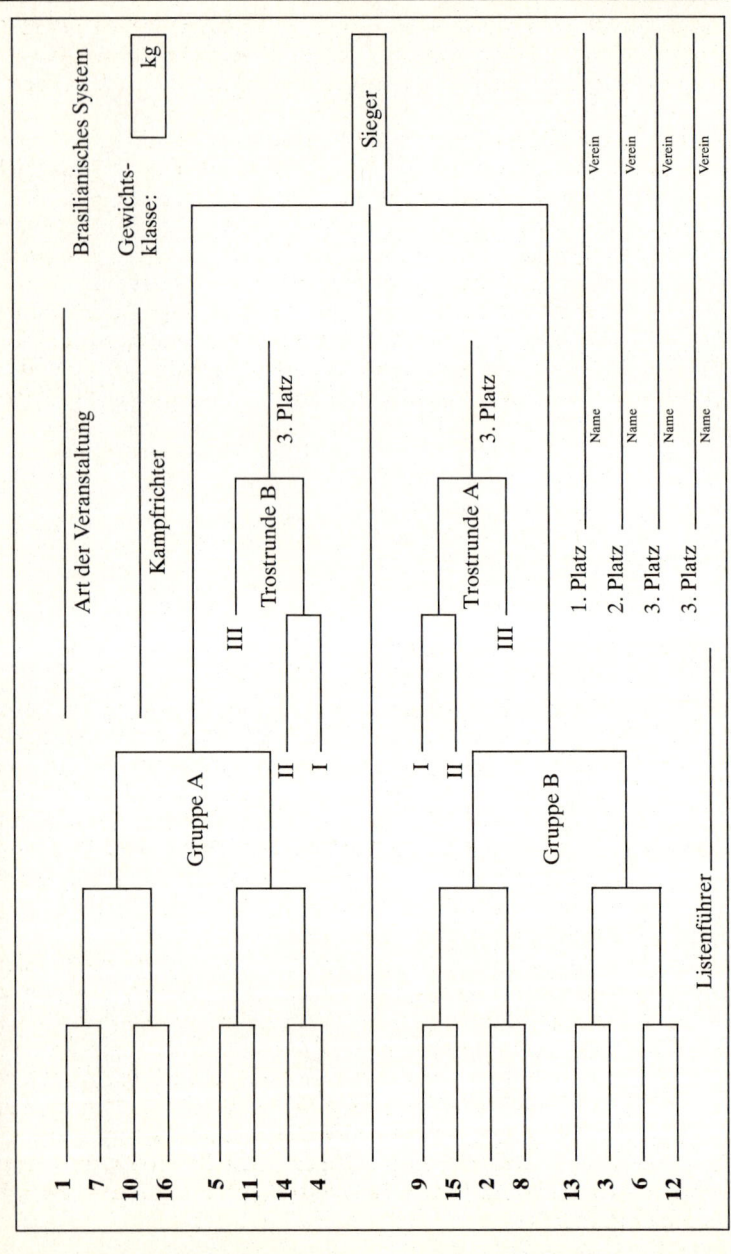

Im *Kata*-Wettkampf gibt es eine Pflicht*kata (Shitei)* und eine Kür*kata (Tokui)*. Welches die Pflicht*kata* ist, wird vom Veranstalter in der Ausschreibung festgelegt; fast immer ist es eine untere *Kata*. Die Kür*kata* kann frei gewählt werden.

Bei der *Kata* wird meist nach einem Punktesystem gewertet, d. h. daß jeder Teilnehmer nach seiner Vorführung Punkte von den fünf oder sieben Kampfrichtern bekommt. Kriterien für die Bewertung der *Kata* sind die technische Richtigkeit der Fußstellungen und der Technik, rechtzeitige Blickwendungen, *Kiai* (Kampfschrei) an der richtigen Stelle, angemessener Rhythmus in der *Kata* und kämpferischer Gesamteindruck.

Die ersten fünf oder sieben Karateka, je nach Teilnehmerzahl, kommen in die Endausscheidung, wo nochmals eine Kür*kata* gezeigt werden muß.

Kata wird seltener auch nach dem Flaggensystem gewertet. Dabei führen zwei Karateka gleichzeitig dieselbe *Kata* aus; der bessere erreicht die nächste Runde.

Wettkampftaktik

Einzeltaktik

Der Coach muß die Gewohnheiten des Gegners studieren, um daraus Rückschlüsse für seinen Kämpfer zu ziehen. Außer auf den Stand ist besonders auf die Spezialtechniken zu achten. Steht der Gegner z. B. immer links vor und ist *Gyakuzuki*-Spezialist, dann ist als Taktik eine Rechts-vor-Position zu empfehlen, weil dann das Reagieren einfacher ist, z. B. durch Ausweichen, während bei Links-links-Stellung beide die gleichen Chancen hätten. Grundsätzlich sollten im Kampf zuerst andere als die Spezialtechniken angewendet werden, damit der Gegner von den Spezialtechniken überrascht wird und diese dann zum Erfolg führen.

Da im *Shiai* (Wettkampf) am häufigsten *Gyakuzuki Chudan* und *Junzuki Jodan* benutzt werden (vgl. Wettkampfbeobachtung S. 146 ff), sollten vielfältige Reaktionen darauf beherrscht werden. Sie sollten so aussehen, daß der Kampfrichter deutliche, klare Techniken sehen kann, weil nur diese gewertet werden. *Aiuchi* (gleichzeitige Technik beider Gegner) sollte man vermeiden, da die Kampfrichter meist nicht entscheiden können, welche Technik schneller war. Für diesen konkreten Fall sind zwei Konsequenzen sinnvoll: Entweder ausweichen und dann aus dem Positionswechsel heraus kontern oder ohne Abwehr z. B. *Nagashizuki* mit einem Schritt vor ausführen (nie zurückgehen!).

Es ist grundsätzlich immer sicherer, erst abzuwehren und dann zu kontern, damit der Kampfrichter die Situation klar erkennen kann. Doch die Ausweichbewegungen und Konter müssen ganz klar zu sehen sein. Dies kann durch seitliches Ausweichen mit Vorgehen und gleichzeitigem Ausführen von *Tsuki*- oder *Keri*-Techniken geschehen.

Eine heute in Japan sehr populäre Art des Ausweichens ist das Ausweichen gegen *Tsuki Jodan* nach unten. Dabei wird auf den Ansatz des *Tsuki Jodan* gewartet und dann ganz tief mit *Gyakuzuki* von vorn gekontert. Dabei ist der Rücken gerade und das hintere Bein eingeknickt mit dem Knie nahe dem Boden. Der Angriff geht dann oben über den Kopf des Verteidigers hinweg (siehe Umschlagfoto).

Man sollte im Wettkampf versuchen, seinen Gegner in eine Ecke der Kampffläche zu drängen, damit er aus Unsicherheit und geteilter Aufmerksamkeit heraus, weil er nicht von der Kampffläche heruntergehen darf, Fehler macht. Ist es unbedingt notwendig zurückzugehen, dann sollte nur der erste Schritt nach hinten gerichtet sein, der zweite Schritt zur Seite und der dritte oder vierte Schritt nach vorn, möglichst mit einer Technik. So kann die Technik sicher geplant werden, und man kann sie schneller als der Gegner anbringen. Ob der Gegner unter Vorspannung steht, kann man aus seinem Blick und seiner Atmung erkennen. Kurz bevor der Gegner den Höhepunkt seiner Spannung erreicht hat, muß dann die eigene Technik ausgeführt werden.

Auch psychologische Momente dürfen beim Kämpfen nicht übersehen werden. So ist es z. B. oft wirksam, dem Gegner in die Augen zu sehen. Meistens fühlen sich Menschen dadurch schon irritiert. Außerdem sind Blicke als Finten einsetzbar. Wenn man also am Gegner vorbeischaut, wendet dieser auch automatisch seinen Blick dorthin. Dadurch ist er einen Sekundenbruchteil abgelenkt und unaufmerksam, und man kann eventuell erfolgreich seine Technik anbringen.

Auseinandersetzungen mit Kampfrichtern und Diskussionen um Wertungen sollte man unbedingt vermeiden, weil dies der Etikette des Karate widerspricht und zu einer gespannten Atmosphäre im Wettkampf führt. Es ist taktisch klüger, die Kampfrichter-Qualität mit einzubeziehen und seine Techniken danach auszurichten. Sieht der Kampfrichter z. B. nur einfache Techniken, so werden nur einfache Techniken ausgeführt; wenn er grundsätzlich nur *Chudan*-Techniken wertet, wird nur in diese Angriffshöhe geschlagen, oder wenn er schnelle Techniken nicht wertet, werden nur langsame Techniken ausgeführt.

Ein guter Kämpfer sollte nie die Position des Gegners und der Kampfrichter aus den Augen verlieren. Denn die Techniken sollten nur auf der dem Kampfrichter zugewandten Seite agiert werden, damit er die Endstellung der Technik deutlich sehen und so Wertungen vergeben kann.

Mannschaftstaktik

Auch für die Mannschaftstaktik müssen die Gegner studiert werden. Kondition, Kampfgeist und nervliche Belastungsfähigkeit des Kämpfers sind Komponenten, die mit in die Planung einbezogen werden müssen. Es ist z. B. häufig der Fall, daß ein Kämpfer erst im zweiten oder dritten Kampf die richtige Einstellung findet und ‹warm› wird. Der Coach muß dies in die Mannschaftsaufstellung mit einbeziehen. Entsprechend der Mannschaftsaufstellung des Gegners muß dann die eigene Mannschaft zusammengestellt werden. Gegen einen überlegenen Einzelkämpfer des Gegners sollten z. B. weniger gute Kämpfer zum Einsatz kommen, weil dieser Punkt sowieso abgegeben werden muß; dafür kann dann vielleicht ein anderer Kampf gewonnen werden.

Den Anweisungen des Coachs ist unbedingt Folge zu leisten. Der Coach kann seine Anweisungen in Form visueller Hinweise oder verbaler Anweisungen geben. Da viele Kämpfer in der Kampfsituation aufgeregt sind und nicht wissen, was für sie taktisch klug ist, brauchen sie Tips vom Trainer. Wenn der Kampfrichter «Yame» sagt, sollten die Kämpfer sich sofort vom Coach Anweisungen geben lassen (z. B. über den Stand, ob *Kamae*wechsel nötig sind usw.). Die Anweisungen sollten in einer speziellen, knappen vereinbarten Sprache gegeben werden.

Zum Problem der Reaktion
im Karate

In kürzester Zeit muß der Karateka erkennen, mit welcher Technik er angegriffen wird, er muß seinen Bewegungsablauf auswählen und realisieren. Das Erkennen ist nicht nur von den optischen Fähigkeiten abhängig, sondern besonders von den Erkennensleistungen, die mit den eigenen Bewegungserfahrungen und dem Bewegungssehen (*Migeiko*) zusammenhängen. Sie ermöglichen, bereits aus dem Ansatz oder den vorbereitenden Bewegungen der Techniken erkennen zu können, wie angegriffen wird. Diese Fähigkeit nennt man Antizipation. Wenn man erkannt hat, mit welcher Technik angegriffen wird, darf der Gegner nicht merken, mit welcher Technik gekontert werden soll. Zumindest die Höhe der Ausführung sollte auf jeden Fall während der Ausführung oder kurz davor noch variiert werden können. Gute Kämpfer verfügen über Alternativen.

Anhang

Verletzungen im Karate

Faustschläge und Fußtritte können eine Geschwindigkeit von bis zu 14 m/s (= 50 km/h) erreichen und eine Beschleunigung von 150 m/s. So ist vorstellbar, daß allein die Schlagenergie einer nicht gestoppten Technik erhebliche Verletzungen bewirken kann. Viele Verletzungen passieren jedoch auch ohne Gegnerkontakt, z. B. durch Stürze oder falsches Fallen, Fehlhaltungen bei Techniken (z. B. Daumenhaltung neben der Faust beim *Tsuki*), Müdigkeit, Fehlbelastung alter, nicht ausgeheilter Verletzungen, mangelndes Training und Übertraining.

Vorbeugende Maßnahmen, um die Verletzungsgefahr zu senken, sind daher gute Kondition durch regelmäßiges Training, ausgewogene Ernährung, allgemein gesunde Lebensweise, Aufwärmtraining vor jeder größeren Belastung, exakte Ausführung der Techniken, Erlernen von Fall- und Sprungübungen, Tragen von Schützern oder Bandagen. Vorsicht ist bei alten, noch nicht ausgeheilten Verletzungen geboten.

Besonders gefährdet ist der Daumen bei *Tsuki*-Techniken und Abwehr sowie der große Zeh bei *Keri*-Techniken. Es wird z. B. beim *Maegeri* mit dem Fußballen getroffen, die Zehen werden dabei angezogen. Geschieht dies nicht, können sie beim Aufprallen abgeknickt werden. Dadurch kommt es zu Gelenkverletzungen, z. B. Stauchungen oder Verrenkungen. Übermäßiges *Makiwara*-Training kann zu der sogenannten HIT-Krankheit führen. Hierbei kommt es durch die ständige traumatische Reizung der Gelenkkapseln der Fingergrundgelenke zu überschießender Bindegewebsproduktion, was schmerzhafte Gelenkschwellungen und Bewegungseinschränkung bewirkt.

Etwa 70 Prozent der Verletzungen passieren im Wettkampf. Am häufigsten sind Gesichtsverletzungen, Verstauchungen der Finger, Handgelenke und Zehen, Prellungen im Brustkorbbereich und Rippenbrüche, Schlüsselbein- und Schulterverletzungen (durch falsches Fallen). Im Training sind Finger-, Nasen- und Augenbrauenverletzungen am häufigsten.

○ *Kopf:* Bei Prellungen ist die schmerzhafte Schwellung zu kühlen. Bei Bewußtlosigkeit siehe «Verhalten nach einem Unfall», S. 144 f. Bei größeren, stark blutenden Platzwunden muß ein Arzt aufgesucht werden, der die Wunde versorgt. Blutungen aus Nase oder Ohren lassen eine Schädelverletzung vermuten.

○ *Gesicht:* Auch hier kommen meist Prellungen vor («blaues Auge»). Brüche des Ober- oder Unterkiefers oder Jochbeinbrüche bewirken Schmerzen bei Kaubewegungen, der Biß paßt nicht mehr genau, oder es kann eine Knochenkante ertastet werden.

○ *Nase:* Nasenbluten ist eine sehr verbreitete Verletzung. Die meisten Blutungen werden durch Kompression gestillt. Weil die Blutungsquelle meist in der Nasenspitze liegt, sollte man auf beide Nasenlöcher Zeigefinger und Daumen legen und die Nase zuhalten. Bei Ausbleiben des Erfolgs muß ein Arzt aufgesucht werden. Ein Nasenbeinbruch kann ertastet werden. Eine ärztliche Behandlung ist notwendig.

○ *Augen:* Bei einem Schlag auf das Auge kann neben einem ringförmigen Bluterguß durch Prellung der Augenumgebung auch dieses selbst verletzt sein. Bei bleibenden Schmerzen, Lichtempfindlichkeit, Augenbrennen und Rötung kann eine Hornhautverletzung die Ursache sein. Eine Behandlung ist erforderlich. Auch bei einer Sehminderung, die später als der Unfall bemerkt werden kann, muß der Augenarzt aufgesucht werden.

○ *Zähne und Zunge:* Tiefe blutende Zungenrisse müssen genäht werden. Jegliche Zahnverletzungen (Lockerung, Abbruch, Zahnverschiebung, auch Teilabbruch) sind zahnärztlich behandlungsbedürftig. Ausgeschlagene Zähne sollten feucht (z. B. unter der Zunge) aufbewahrt werden, da ein Wiedereinsetzen mitunter möglich ist.

○ *Hals:* Bei Tritt oder Stoß zum Hals kann der Kehlkopf verletzt werden, was zu Heiserkeit und erschwertem Luftholen führen kann, wenn Blutungen im Kehlkopf verursacht wurden. Eine ärztliche Untersuchung ist notwendig. Verdacht auf Bruch der Wirbelsäule besteht bei starken Schmerzen mit Ausstrahlung und taubem Gefühl in den Armen oder Beinen und Lähmung unterhalb des Verletzungsgebietes. Dann darf der Verletzte nicht bewegt werden. Ärztliche Hilfe ist unbedingt erforderlich.

○ *Rippen:* Verdacht auf Rippenbruch besteht bei Schmerzen und sofortiger Schwellung über der Bruchstelle sowie Stauchungsschmerzen. Eine Röntgenuntersuchung bringt nicht in jedem Fall Klarheit. Wenn mehrere Frakturen vorliegen, besteht die Gefahr der Lungenverletzung durch Bruchenden. Zunehmende Atembeschwerden sollten dann unbedingt Anlaß zu ärztlicher Untersuchung und Behandlung sein.

o *Hoden:* Gewalteinwirkung auf die Hoden kann zu Blutungen und Schwellungen führen, die die Blutversorgung der Hoden stören können. Die Zeugungsfähigkeit kann beeinträchtigt werden.

o *Bauch:* Bei *Tsuki* oder *Keri*-Techniken in den Oberbauch oder die Seite kann es zu lebensgefährlichen Leber- oder Milzrissen kommen. Durch den Blutverlust aus dem Organ in die Bauchhöhle kommt es zu starken Bauchschmerzen, Druckempfindlichkeit auf der Bauchdecke und schließlich Schocksymptomatik mit Blässe, Kaltschweiß und Bewußtseinstrübung. Je nach Ausmaß der Blutung gibt es auch schleichende Symptomatik über Wochen mit bleibenden Schmerzen und zunehmender Müdigkeit. Bei Milzruptur kann auch zunächst die Kapsel unversehrt bleiben und später unter dem Blutungsdruck platzen. Bei einem Schlag in die Magengrube bleibt manchmal die Luft weg. Ruhen in entspannter Embryohaltung bringt Erleichterung.

Zum Verhalten nach einem Unfall

Der Verletzte muß untersucht werden, gegebenenfalls an einem von Zuschauern abgeschirmten Platz. Da im normalen Training kein Arzt zur Stelle ist, liegt die Verantwortung beim Trainer. Vom Verletzten selbst oder von Unfallzeugen wird der Unfallhergang rekonstruiert. Bei der Untersuchung kann man Weichteilveränderungen (Schwellungen, Blutergüsse, Rötungen) und Knochen- oder Gelenkfehlstellungen sehen. Durch vorsichtiges, zunächst aktives Bewegen des verletzten Körperteils lassen sich Funktionseinschränkungen erkennen. Besteht Verdacht auf einen Knochenbruch, ist die betroffene Extremität sofort ruhigzustellen.

Beim vorsichtigen Abtasten der schmerzenden Stellen können Schwellungen, Druckempfindlichkeit oder Lücken im Muskelgewebe oder Knochen festgestellt werden. Ein Vergleich mit der gesunden Extremität kann das Erkennen erleichtern.

Meistens liegen Weichteilverletzungen vor, d. h., Muskeln, Sehnen oder Gelenkbänder sind überdehnt oder sogar gerissen. Eine Blutung im Gewebe tritt durch Zerreißen von Blutgefäßen auf, was zu Schwellungen und späteren Verhärtungen führt. Hier helfen Sofortmaßnahmen, die die Blutung begrenzen, d. h. Kühlen, Kompressionsverband, Hochlagern und Ruhigstellung.

Bei Bewußtlosigkeit durch Kopfverletzung müssen Atmung und Puls überprüft werden. Wichtig ist die Kontrolle und Freilegung der Atemwege. Man lagert den Bewußtlosen in der sogenannten stabilen Seitenlage. Ist keine Atmung feststellbar, muß in Rückenlage die Mund-zu-Mund-Beatmung durchgeführt werden. Ist kein Puls fühlbar, wird zunächst eine Herzmassage durch Drücken auf das untere Brustbein vorgenommen, um so die Pumpfunktion des Herzens von außen notdürftig aufrechtzuerhalten.

Bewußtlosigkeit kann auch durch einen Kreislaufkollaps bei Überanstrengung oder Treffen der vitalen Punkte entstehen. Hier sind ebenfalls Atemwege, Atmung und Puls zu kontrollieren. Die Beine sollten hochgelagert werden, um den Blutzustrom zum Herzen zu erhöhen.

In jedem Fall von Bewußtlosigkeit mit Atem- und/oder Herzstillstand ist sofort der Notarzt zu rufen; außerdem sind unverzüglich lebensrettende Maßnahmen der Ersten Hilfe zu ergreifen (Mund-zu-Mund-Beatmung; Herzmassage). Auch bei kurzdauernder Bewußtlosigkeit ist der Verletzte ins Krankenhaus zu bringen, und sei es nur zur Begutachtung und Beobachtung für einen Tag.

Sofortige ärztliche Hilfe ist außerdem notwendig bei: Bewußtlosigkeit oder bleibenden Kopfschmerzen, Übelkeit/Erbrechen, Schwindel; Luftnot nach Schlag auf Kopf, Hals oder Brustkorb; Bauchschmerzen; Schmerzen im Nacken mit Ausstrahlung oder Schwäche in den Armen; Blut im Urin; Knochenbruch; schwerer Gelenk- oder Bänderverletzung, Sehnenverletzung; Auskugeln/Ausrenken; Augenverletzung; tiefer Wundverletzung mit Blutung; intensiven Schmerzen; unklaren Verletzungen.

Wettkampfbeobachtung

Die Auswertung der japanischen Meisterschaften erfolgte am Nippon University Sport Institute unter Prof. Shizuo Tanaka, Dozent war Hideo Tanabe (Coach des Nichidai Karate Club). Diese Statistiken wurden im Zeitraum zwischen Mai 1976 und Juli 1976 angefertigt.

Im Wettkampf benutzte Techniken (*Shiyo Waza*)

Waza Veranstaltung	Jodan Tsuki　　Keri	Chudan Tsuki　　Keri	Tsuki	Keri
Ostjapanische Universitätsmeisterschaft in Tokio	198　(58,9%) 197 : 1	138　(41,1%) 89 : 49	286 (85,1%)	50 (14,8%)
Alljapanische Universitätsmeisterschaft	110　(57,0%) 108 : 2	83　(43,0%) 55 : 28	163 (84,5%)	30 (15,5%)
Alljapanische Wado-Kai Meisterschaft (Mannschaft)	151　(50,5%) 150 : 1	148　(49,5%) 112 : 36	262 (87,6%)	37 (12,4%)
Alljapanische Wado-Kai Meisterschaft (Einzel)	110　(54,7%) 109 : 1	91　(45,3%) 65 : 26	174 (86,6%)	27 (13,4%)
Alljapanische Wado-Kai Universitätsmeisterschaft	101　(53,7%) 101 : 0	87　(46,3%) 56 : 31	157 (83,5%)	31 (16,5%)
Weltmeisterschaft Shotokan Bremen 30./31. 8. 1980	767　(39,9%) 641 : 126	956　(49,7%) 612 : 344	1253 (65,1%)	470 (24,5%)
Europameisterschaft Wado-Ryu Rom 24. 10. 1981	598　(43,2%) 477 : 121	685　(49,4%) 404 : 281	881 (63,6%)	404 (29,2%)
Deutsche Meisterschaft Wado-Kai Bremen 15. 11. 1981	1193　(45,5%) 874 : 319	1247　(47,6%) 702 : 545	1576 (60,1%)	867 (33,1%)

Aus den japanischen Statistiken geht hervor, daß *Tsukis* am häufigsten benutzt wurden. *Keris* wurden fast ausschließlich *Chudan* ausgeführt. Die Techniken wurden wesentlich häufiger als *Shikake Waza* (Angriffstechniken) denn als *Ohji Waza* (Konter) benutzt.

Zum Verhältnis von Shikake Waza zu Ohji Waza

Technik	Jodan Tsuki	Chudan Tsuki	Chudan Keri	Jodan Keri	Gesamt
Shikake Waza	355 (47,9 %)	191 (25,8 %)	192 (25,8 %)	3 (0,5 %)	741 (60,3 %)
Ohji Waza	213 (43,7 %)	262 (53,8 %)	12 (2,5 %)	0 –	487 (39,7 %)
	568	453	204	3	1228

Stellt man eine Rangfolge der im Wettkampf benutzten Techniken auf, ergibt sich, daß am häufigsten *Jodan Tsuki*, gefolgt von *Chudan Tsuki* und schließlich *Chudan Keri* eingesetzt wurden. Bei diesen sehr wichtigen japanischen Veranstaltungen wurden folgende Techniken nicht benutzt: *Jodan Keri, Sokuto, Ushirogeri, Shuto, Uraken, Tobigeri*. Der Grund liegt in den Kampfregeln. Es war kein Kontakt erlaubt, und es wurde nach dem *Shobu Ippon*-System gekämpft. So wurden zum Beispiel *Jodan Keri*, die häufig unkontrollierter ausgeführt werden, vermieden, und es mußte auf Sicherheit gekämpft werden, da bereits nach zwei *Wazari* (zweimal ein halber Punkt) der Kampf beendet war. Daher bevorzugten die Kämpfer einfache Techniken, die ohne ausgeprägte vorbereitende Bewegungen, z. B. Ausholbewegungen, am Gegner eingesetzt werden können.
Vor der Einführung sportlicher Wettkampfregeln sah der Kampfstil im Karate noch ganz anders aus. Damals wurden wesentlich mehr interessante Techniken, wie zum Beispiel *Jodan Keri, Sokuto* und Würfe gezeigt. Doch innerhalb von fünf bis sechs Jahren hatte sich der Kampfstil schon geändert, weil es technisch einfachere Möglichkeiten gibt, im sportlichen Wettkampf Punkte zu erzielen. Wer heute im sportlichen Karate gewinnen will, muß folgende Punkte berücksichtigen:
– Vermehrtes Training für *Shikake Waza*, d. h. für den eigenen Angriff, da nur 60 Prozent der *Shikake Waza* erfolgreich sind;
– sich vermehrt auf Schnelligkeit und Krafttraining konzentrieren;
– vermehrt *Ohji Waza* (Konter) trainieren, weil 60 Prozent der Techniken *Shikake Waza* sind und man auf diese Techniken richtig reagieren können muß.

Das europäische Karate ist noch nicht so sehr der Vereinfachung unterworfen wie das japanische Karate (vgl. auch Kapitel «Verschiedene Richtungen des Karate»). So wurden bei den europäischen Meisterschaften viele unterschiedliche Techniken wie *Ashi Barai (Ushiro Barai), Uraken Jodan, Tettsui* im Sprung, *Sokuto Chudan/Jodan/* im Sprung, *Ushirogeri Chudan/* im Sprung, *Nage (Ushiro Goshi, O-Goshi), Tsuki* im Sprung, *Kakato, Ushiromawashigeri* angewendet. Bei der Weltmeisterschaft wurden 22 Prozent der Techniken in Kombinationen angewendet, bei der Europameisterschaft 39,9 Prozent und bei der Deutschen Meisterschaft 41,1 Prozent. Die am häufigsten benutzten Kombinationen waren *Junzuki Jodan/Gyakuzuki Chudan* und *Ashi Barai/Tsuki* oder *Keri*. Dies zeigt die noch vorhandene Variabilität des europäischen Karate. Auffällig ist, daß mehr als Dreiviertel

Vergleich der drei Meisterschaften hinsichtlich der Anzahl benutzter Techniken und Kombinationen
(Die Werte beziehen sich auf eine Kampfzeit von zwei Minuten)

	Welt-meisterschaft 1980	Europa-meisterschaft 1981	Deutsche Meisterschaft 1981
	Anzahl der ausgeführten Techniken		
Keri Waza Jodan	1,2	3,2	4,0
Chudan	3,2	5,5	6,9
Tsuki Waza Jodan	6,1	8,7	10,9
Chudan	5,8	7,0	8,8
Ashi Barai/Nage	1,9	1,8	2,2
Anzahl der insges. ausgeführten Techniken in zwei Minuten	18,2	26,2	32,8
	Anzahl der Kombinationen mit x Techniken		
Renzoku Waza mit			
2 Techniken	1,8	2,7	5,1
3 Techniken	0,1	0,7	1,3
4 Techniken		0,1	0,3
5 Techniken	–	–	0,1
Anzahl der insgesamt ausgeführten Kombinationen in zwei Minuten	1,9	3,5	6,8

Die Auswertungen der europäischen Meisterschaften erfolgten an der Universität Bremen im Sensomotorik-Labor durch die Autorin zwischen November 1981 und Februar 1982.

der Techniken in diesen Meisterschaften aus zwei Techniken zusammengesetzt waren, Kombinationen mit mehr Techniken sind dagegen selten. Seltener ausgeführte Techniken wurden prozentual am häufigsten gewertet. So erwies sich eine breite Palette an Techniken als sinnvoll.

Die nebenstehende Aufstellung gibt einen Überblick über das Kampfgeschehen in den drei europäischen Meisterschaften, bezogen auf die Arten von Techniken und deren Häufigkeiten pro Kampf.

Zusammenfassend kann man feststellen, daß sehr viele verschiedene Techniken benutzt wurden, wobei die Fausttechniken überwiegen. Es wurden mehr Techniken *Chudan* als *Jodan* ausgeführt. *Gyakuzuki Chudan* war die am häufigsten benutzte Technik vor *Junzuki Jodan*. *Mawashigeri Chudan* wurde als Fußtechnik am meisten ausgeführt, doch noch nicht einmal halb so oft wie die Fausttechniken. In nationalen Meisterschaften war die Bereitschaft der Karatekas, komplizierte Techniken zu benutzen, größer. Da sich diese Strategie bei den Bewertungen als erfolgreich erwiesen hat, sollte eine Vereinfachung bzw. Eingrenzung auf wenige Techniken (wie bei den japanischen Meisterschaften) auch weiterhin vermieden werden.

Literaturhinweise

BÄUMLER, G./SCHNEIDER K.: Sportmechanik. München 1981.
CARL, G.: Kraftübungen mit Geräten. Berlin (DDR) 1979.
Das Budo ABC: Budo-Verlag. Sprendlingen 1980.
ELISEEFF, V.: Japan. München 1978.
FELD, A. S./McNAIR, R. E./WILK, S. R.: The Physics of Karate. Scientific American 1979, Vol. 240, No. 4, P. 110–118.
FINDEISEN, D. G. R./LINKE, P.-G./PICKENHAIN, L. (Hg.): Grundlagen der Sportmedizin. Leipzig 1980.
FÖRSTER, A.: Neue Perspektiven für den Sport durch die Philosophie und Praxis der fernöstlichen Kampfkünste. In: LENK, H. (Hg.): Aktuelle Probleme der Sportphilosophie. Schorndorf 1983. (Nachdruck in: hochschulsport 9/1983).
FRANKE, E.: Sport und Gesundheit. Reinbek bei Hamburg 1986.
FUNAKOSHI, G.: Karate-Do Kyohan. New York 1973.
GAIN, W./HARTMANN, J.: Muskelkraft durch Partnerübungen. Berlin (DDR) 1980.
HAMMITZSCH, H.: Zen in der Kunst der Teezeremonie. München 1978[2].
HERRIGEL, E.: Zen in der Kunst des Bogenschießens. München 1973[16].
HESS, H.: Unfallgefährdung im Sport, Luitpold-Werke. München 1983.
HOLLMANN, W. (Hg.): Zentrale Themen der Sportmedizin. Berlin/Heidelberg/New York 1977[2].
IZUTSU, T.: Philosophie des Zen-Buddhismus. Reinbek bei Hamburg 1979/1986.
JONATH, U./KREMPEL, R.: Konditionstraining. Reinbek bei Hamburg 1985[4].

KAMMER, R.: Die Kunst, das Schwert zu führen. München 1976.
KNEBEL, K. P.: Funktionsgymnastik. Reinbek bei Hamburg 1986[2].
KONO, T.: Karate – Der Weg zum Schwarzgurt. Hamburg 1982, o. A.
KOS, B.: Gymnastik – 1200 Übungen. Berlin (DDR) 1976.
LETZELTER, M.: Trainingsgrundlagen. Reinbek bei Hamburg 1986[9].
LETZELTER, H./LETZELTER, M.: Krafttraining. Theorie, Methoden, Praxis. Reinbek bei Hamburg 1986.
MARKWORTH, P.: Sportmedizin 1. Reinbek bei Hamburg 1986[3].
MELLEROWICZ, H./MELLER, W.: Training. Berlin/Heidelberg/New York 1975[2].
MENGE, M.: Judo. In: PFÖRINGER, W./ROSEMEYER, B./BÄR, H.-W. (Hg.): Sporttraumatologie und sportartentypische Schäden und Verletzungen. Erlangen 1981.
MISHIHARA, S.: Karatedo. Tokyo 1946 (jap.).
NAGAMINE, S.: The Essence of Okinawan Karate-Do. Tokyo 1976.
NAKAMURA, T.: Das große Buch vom richtigen Atmen. München 1984.
NAKANO, Y.: Kendo. 1946 (Jap.).
NAKAYAMA, M.: Karate-Do. Sprendlingen 1972.
NISHIYAMA, H./BROWN, R.: Karate. Tokyo 1974[62].
NÖCKER, J.: Die biologischen Grundlagen der Leistungssteigerung durch Training. Schorndorf 1974[5].
OEHSEN, E. VON: Überlegungen zu Budosportarten als Breitensport – Vorstellung und Konzeption. In: hochschulsport 2/1985.
OEHSEN, E. VON: Aufnahme und Verarbeitung bewegungsinitiierender Informationen schnellbewegter Objekte – Angriff und Konter im Karate. Dissertation an der Universität Bremen 1985.
OKAKURA, K.: Das Buch vom Tee. Frankfurt/M. 1979.
OYAMA, M.: Advanced Karate. Tokyo 1973[3].
RENSTRÖM, P./PETERSEN, L.: Verletzungen im Sport. Köln 1981.
SCHULZ, B.: Sagen aus Japan. Frankfurt/M. 1979.
SCHWEBELL, G. C.: Die Geburt des modernen Japan in Augenzeugenberichten. München 1981.
SHIBAYAMA, Z.: Zen in Gleichnis und Bild. München 1979[2].
SUZUKI, D. T.: Die große Befreiung. Frankfurt/M. 1975.
SUZUKI, T.: Karate-Do. London 1975[3].
TIWALD, H.: Psycho-Training im Kampf- und Budosport. Zur theoretischen Grundlegung des Kampfsports aus der Sicht einer auf dem Zen-Buddhismus basierenden Bewegungs- und Trainingstheorie. Ahrensburg 1981.
UNGERER, D.: Leistungs- und Belastungsfähigkeit im Kindes- und Jugendalter. Schorndorf 1977[4].
WILLIAMS, B.: Die Kunst der Selbstverteidigung. Zürich 1976.
ZACIORSKIJ, V. M.: Die körperlichen Eigenschaften des Sportlers. Berlin 1977[3].

Anschriften der Karateverbände

BAE (Budo Akademie Europa): Horst Weiland, Ulmenstr. 39 (Textilhof), 2940 Wilhelmshaven, 04421/301408

Deutsch-Asiatische Kampfkunst-Organisation: Heinz Köhnen, Postfach 154, 5160 Düren

DBO (Deutsche Budo Organisation): J. Lutz, Bannwaldallee 46, 7500 Karlsruhe 21, 0721/86640

DJB (Deutscher Judo Bund, Sektion Karate): Ottmar Luxem, Hochstr. 20, 5473 Kruft, 02652/7181

DJKV (Deutsch-Japanischer Karate Verband): Karl-Heinz Kiltz, Adolfstr. 1, 2370 Rendsburg

DKB (Deutscher Karate-Bund): Peter Betz, Haldenweg 5, 7750 Konstanz, 07531/65759

DKU (Deutsche Karate Union): Friedrich Janssen, Feldmark 18, Quickhorn, 2257 Bredstedt, 04671/3783

DKV (Deutscher Karate Verband): Grabenstr. 37, 4390 Gladbeck, 02043/65144 (Gabriele Sager)

DSU (Deutsche Sportkarate-Union): Heinz Holitschke, Königsberger Str. 30, 3250 Hameln 1, 05151/13976

EPKA (European Professional Karate Association): EPKA Germany, Mr. Diefenthal, Postfach 2553, 6000 Frankfurt/M., 0611/433214

Goju-Kai: Tokio Funasako, Eichenweg 10, 6950 Mosbach, 06261/17432

Goju-Ryu Karate Bund: Fritz Nöppel, Ostkamp 64, 4708 Kamen, 02307/72388

Kyukoshinkai: DKU-Geschäftsstelle oder Gudrun Hisatake, Ludwig-Moser-Str. 10, 8013 Haar, 089/469598 oder 67801206

OSKV (Österreichischer Shotokan-Karate Dachverband): Stolberggasse 21, 1050 Wien

SKID (Shotokan Karate International Deutschland): Dieter Flindt, Verladestr., 2407 Bad Schwartau, 0451/281121

SKI-Österreich: Thumelstr. 2, A-6900 Bregenz

Wado-Ryu: DKU-Geschäftsstelle oder Dr. Elke von Oehsen, Steuerbord 1, 2800 Bremen 1, 0421/380627

Wako-Germany: Hohenzollerndamm 177, 1000 Berlin 31

Über die Verfasser

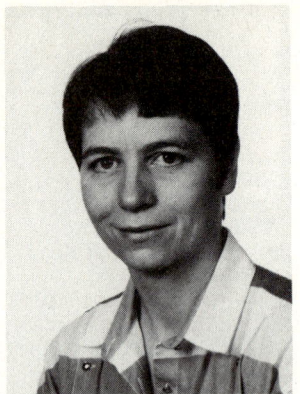

Teruo Kono, Jahrgang 1934, ist Träger des 8. Dan Wado-Ryu und des 8. Dan Shinto Yoshinryu Jiujitsu Kempo. Sein Werdegang weist ihn als einen der führenden Karate-Experten aus: 1956/57 erster Platz bei der Alljapanischen Karatemeisterschaft (alle Stilrichtungen außer Shotokan); Kapitän des Nippon-Universitäts-Karate-Clubs (Nichidai). 1957 dritter Platz bei den Alljapanischen Universitätsmeisterschaften (alle Stilrichtungen). 1958–1964 Trainer an Universitäten in Tokio und Nagoya. 1963–1964 Nationaltrainer für Mitteljapan (Tokai-Gebiet). 1965 Nationaltrainer von England. 1966–1970 Nationaltrainer von Holland. 1967–1975 Trainer an den Universitäten Leuven und Liège sowie an der Technischen Hochschule von Mons (Belgien) und des Belgrader Universitäts-Karate-Clubs in Jugoslawien. 1977–1978 Technischer Berater des Bundestrainers im Deutschen Karate-Verband (DKV), 1976–1983 Bundestrainer von Wado-Kai Deutschland e. V. 1978–1980 Lehrbeauftragter am Sportinstitut der Universität Hamburg. Seit 1984 Honorartrainer der Deutschen Karate Union (DKU). Teruo Kono ist Präsident der «Wado-Kai Instructor Organization» und Cheftrainer für Europa. Er lebt zur Zeit in Hamburg.

Dr. Elke von Oehsen, Jahrgang 1956, ist Trägerin des 3. Dan Wado-Ryu. Sie betreibt seit 1971 Karate und hat Erfahrung als Trainerin in Vereinen, im Hochschulsport und in der Schule. Sie hat an Europameisterschaften, Länderkämpfen und Deutschen Meisterschaften in den Disziplinen Kata und Kumite teilgenommen. Sie ist als wissenschaftliche Mitarbeiterin im Fachbereich Sport der Universität Bremen tätig.

Glossar

Age Uke	Aufwärtsblock
Aiuchi	gleichzeitiges Ausführen einer wertbaren Technik im Kampf, keiner der Kämpfer erhält eine Wertung.
Ashi Barai	Fußfeger
Budo	Sammelbegriff für alle japanischen Kampfsportarten.
Chudan	mittlere Angriffsstufe, zwischen Hals und Gürtel
Chui	Verwarnung, die nicht in die Wettkampflisten eingetragen wird.
Dachi	Stand, aus dem heraus die unterschiedlichen Techniken optimal ausgeführt werden können.
Dan	Meistergrad, im Gegensatz zum Schülergrad
Dojo	Übungsraum im japanischen Stil
Empi	Ellbogenstoß, Selbstverteidigungstechnik
Encho	Verlängerung; kann im Einzelkampf nach Ablauf der regulären Kampfzeit von 2 oder 3 Minuten keiner eindeutig zum Sieger erklärt werden, wird eine Verlängerung durchgeführt. Es gibt maximal drei Verlängerungen, dann erfolgt Pflichtentscheid.
Fumikomi	Technik in Kniehöhe
Gedan	untere Angriffsstufe, vom Gürtel an abwärts
Gedan Barai	Abwärtsblock
Geri	Fußtechnik
Goray Nashi	*Kata* nur auf Anfangskommando hin ausführen.
Gyakuzuki	Fausttechnik mit dem rechten Arm, wenn das linke Bein vorn steht.
Gyakuzuki No Tsukomi	Fausttechnik mit dem rechten Arm, wenn das linke Bein vorn steht, der Körper ist nach vorn gebeugt.
Haishu Uke	Block mit dem Handrücken
Hajime	Kämpft! Kommando zum Beginn eines Kampfes
Hanmi Shizentai	Fußstellung, bei der die Füße schulterbreit auseinanderstehen, ein Fuß steht weiter vorn.
Hansoku Chui	Verwarnung, die in die Wettkampflisten eingetragen wird.
Hansoku Make	Disqualifikation; damit scheidet der Kämpfer aus dem Kampf aus und verliert ihn.
Hantei	Kann nach Ablauf der Kampfzeit kein Kämpfer eindeutig zum Sieger erklärt werden, geben die Kampfrichter ihre Meinung auf *Hantei* zum Ausdruck, indem sie auf das Zeichen des Hauptkampfrichters die entsprechenden Bewegungen mit den Flaggen machen.
Hidari	links
Hikkiwake	Unentschieden, Wertung der Kampfrichter
Hikkite	das Zurückziehen der Faust oder des Beins nach der Technik
Hizageri	Kniestoß

Ippon	ein ganzer Punkt, Bewertung für eine Technik im Kampf
Jogai	Außerhalb!, d. h., der Kämpfer hat die Kampffläche während des Kampfes verlassen.
Jiyu Ippon Kumite	Freikampfübung, bei der nur mit einer unbekannten Technik angegriffen wird.
Jiyu Kumite	Freikampf
Jodan	oberste Angriffsstufe, Kopfregion
Junzuki (Oi-tsuki)	Fausttechnik, bei der mit dem linken Arm geschlagen wird, wenn das linke Bein vorn ist.
Junzuki No Tsukomi	Fausttechnik mit dem linken Arm, wenn das linke Bein vorn ist, der Körper ist nach vorn gebeugt.
Jyuji Uke	Doppelblock nach unten oder oben
Kamae	Angriffshaltung
Kachi	Sieger im Wettkampf
Kata	Formübung
Keri	= *Geri* (Fußtechnik)
Kiai	Kampfschrei
Kihon	Grundschule
Kumite	Kampf, Partnerübungen
Kyu	Schülergrad, im Unterschied zum Meistergrad
Maegeri	Vorwärtsfußtritt
Ma Hanmi Nekoashi	Fußstellung (*Dachi*), bei der der vordere Fuß nur mit dem Fußballen aufgesetzt ist.
Mawai	Abstand der Technik zum Gegner
Mawashigeri	Halbkreisfußtritt
Mawate	Wenden, Kommando beim *Kihon*
Migi	rechts
Musubi Dachi	Fußstellung (*Dachi*), bei der die Füße parallel zusammen stehen.
Nagashizuki	Kontertechnik oder Angriffstechnik mit der Faust, die mit einer Ausweichbewegung verbunden ist.
Nukite	Fingerstoß
Ohji Waza	Kontertechniken
Ohyo Kumite	Partnerübung, bei der der Angreifer gewinnt.
Otagai ni Rei	Teil der Begrüßungsformel
Otoshi Uke	Abwärtsblock
Pinan Nidan	die erste Schüler*kata*
Rei	Verbeugen
Renzoku Waza	Kombinationen, Aneinanderreihungen von Techniken
Ritsurei	Verbeugung im Stand
Sabaki	Ausweichen
Sanbon Kumite	Partnerübung, bei der dreimal angegriffen wird und erst beim dritten Angriff der Konter erfolgt.
Seiza	Hinknien
Sensei ni Rei	Teil der Begrüßungsformel
Shiai	Wettkampf
Shikake Waza	Angriffstechniken
Shisei	Körperstellungen

Shitei	Pflicht*kata*
Shizentai	Fußstellung (*Dachi*), bei der die Füße schulterbreit auseinander stehen.
Shobu Ippon	Kampfsystem, bei dem der Kämpfer mit einem Punkt zum Sieger erklärt wird.
Shobu Sanbon	Kampfsystem, bei dem der Kämpfer mit drei Punkten zum Sieger erklärt wird.
Shuto	Angriff mit der Handkante
Shuto Uke	Block mit der Handkante
Sokuto (Yoko Geri)	Fußtechnik mit der Fußkante
Sokuto Fumikomi	Fußtechnik mit der Fußkante zum Knie
Soto Uke	Blocktechnik von innen nach außen
Soto Harai Uke	Blocktechnik gegen Fußtechniken
Surikomi	Übersetzschritt
Tai-Sabaki	Ausweichbewegung mit dem Körper
Teisho	Angriff mit dem Handballen
Tobikomizuki (Kizamizuki)	Fausttechnik mit Sprung nach vorn
Tsuki	Fausttechnik
Uchi	Schlagtechnik
Uchi Uke	Block von außen nach innen
Uchi Harai Uke	Block gegen Fußtechniken
Uke	Abwehr
Uraken	Angriff mit dem Handrücken
Ushiro Ashi Barai	Fußfeger von hinten
Ushirogeri	Fußtechnik nach hinten
Ushiromawashigeri	Fußtechnik im Halbkreis nach hinten
Waza	Technik
Wazari	ein halber Punkt im Wettkampf
Yakusoku Kumite	Halbfreier Kampf mit bekanntem Angriff
Yame	Halt! Aufforderung an die Kämpfer, ihre Kampfhandlungen einzustellen.
Yoi	Ausgangsstellung in *Shizentai* einnehmen.
Zarei	Begrüßung im Sitzen
Zenkutsu Dachi	Fußstellung (*Dachi*), bei der die Füße in Schrittstellung stehen und das vordere Bein eingeknickt ist.

Sachregister

Age Empi 88
Age Uke 23 f, 51, 69, 105, 116, 126
Aiuchi 128, 139
Ashi Barai 20, 51, 85 f
Atmung 50
Ausdauer 29 f
Ausweichbewegungen 82

Begrüßungsformeln 129
Bewegungsschnelligkeit 31 f
Biomechanik 49
Blocktechniken 68 f

Chudan 27, 52, 72 f, 76

Dachi 49 f, 52, 101
Dan-Grad 22 f
De Ashi Barai 85
Dojo 129 ff
Dojo-Etikette 129 ff

Einzelkampf 133
Einzel*kata* 133
Einzeltaktik 139
Empi 88, 94 f, 118
Encho 136

Fausttechniken 53
Flexibilität 29, 34
Fumikomi 93
Fußfeger 20, 85 ff
Fußstellung 52
Fußtechniken 60

Gedan 27, 52, 73, 76
Gedan Barai 23, 73 f, 104 ff, 126
Goray nashi 101
Graduierung 21 ff
Gürtelprüfung 21
Gyakuzuki 23, 49 f, 53 ff, 79 f, 113, 126,
    139 f
Gyakuzuki No Tsukomi 58 f

Haishu Uke 51, 79
Hajime 123, 134
Hanmi Nekoashi Dachi 72

Hanmi Shizentai 56, 78, 104
Hansoku Chui 135
Hansoku Make 135
Hantei 135 ff
Hidari Kamae 99
Hiji Uke 112
Hikkite 32, 49, 54, 60, 99
Hikkiwake 135
Hiza Geri 93, 113, 117

Ippon 135 ff

Jiyu Ippon Kumite 123, 127
Jiyu Kumite 32, 34, 123, 127, 129
Jodan 27, 34, 52, 59
Jogai 135
Junzuki 23, 50, 55
Junzuki No Tsukomi 57 f
Jyuji Uke 76, 113

Kachi 135
Kamae 99, 114
Kampfrichter 134
Karate-Gi 24
Kata 16, 22 f, 30, 32, 97, 101 ff, 129, 134
Keri Waza 51 f, 60, 68, 78, 86
Kiai 51, 101 f, 106, 139
Kihon 16, 31, 33, 64, 77, 97 ff, 129
Kihon Kumite 119
Kirizu 130
Kizamizuki 56
Körperschwerpunkt 49
Koordination 29, 33
Kraft 29, 32
Kür*kata* 139
Kumite 23, 30, 97 f, 114, 116, 134
Kyu 22 f, 98

Lifetime-Sport 10

Maegeri 23, 28, 33, 49 f, 60 f, 77, 113, 142
Ma Hanmi Nekoashi Dachi 103, 113
Makiwara 25, 33
Mannschaftskampf 133
Mannschafts*kata* 133
Ma Shomen Nekoashi 113

Mashomen Uraken 90
Mawai 114
Mawashi Empi 88
Mawashigeri 62 f, 117
Mawate 99
Mokuso 130
Musubi Dachi 99, 101 f

Nagashizuki 78
Nukite 28, 92, 109 f

Ohyo Kumite 119
Oi-tsuki 23, 55
Ossu 130
Otagai ni Rei 130
Otoshi Uke 80, 118

Pflicht*kata* 139
Pinan Godan 102, 113
Pinan Nidan 102
Pinan Sandan 102, 112
Pinan Shodan 102, 112
Pinan Yodan 102, 113
Punkte, vitale 26 f, 52

Randori 34, 123
Reaktionsschnelligkeit 31 f
Renzoku Waza 100
Ritsurei 97
Rotationen 49

Samurai 13 ff, 129
Sanbon Kumite 32, 114
Satori 14
Schnelligkeit 29, 31
Seiza 129
Selbstverteidigungstechniken 52, 88
Sensei ni Rei 129 f
Shiai 119, 139
Shiatsu 26
Shiko Dachi 109 f
Shisei 101, 114, 119
Shitei 139
Shizentai 99, 101, 103 f, 111, 126
Shobu Ippon 135

Shobu Sanbon 135
Shomen 129
Shuto 89, 120
Shuto Empi 89
Shuto Uke 23, 72, 88, 112
Sokuto 20, 23, 65
Sokuto Fumikomi 23, 64 f, 92
Soto Harai Uke 75, 77, 113
Soto Uke 23, 71
Stützfläche 49

Tai-Sabaki 51, 78, 82, 101, 119
Teisho 28, 91
Tobikomizuki 23, 56 f
Tokui 139
Trägheitsmoment 49
Trainingsplanung 124
Translationen 49
Tsuki Waza 51 ff, 78

Uchi Harai Uke 74 ff
Uchi Uke 23, 51, 70
Uke Waza 68
Uraken 20, 28, 90, 122
Ushiro Ashi Barai 86
Ushiro Empi 88
Ushirogeri 49, 66, 88
Ushiromawashigeri 67

Wazari 135 ff
Wettkampf 9, 119, 133, 142
Wettkampfdisziplinen 133
Wettkampfregeln 134
Wettkampftaktik 139

Yakusoku Kumite 17, 32, 119, 122, 129
Yame 99, 123, 134, 141
Yoko Empi 88
Yokogeri 23, 65

Zarei 97
Zen-Buddhismus 14 f
Zenkutsu-Dachi 23, 52 f, 65 f, 69 ff, 88, 104, 106 ff

Sport · Spaß · Fitness

Hans Gunnari/Olaf Evjenth/
M. Michael Brady
Allround-Fitness (8644)

Bennie u. Gerard Huisman
Akrobatik (8628)

Andreas Brinckmann/Uwe Treeß
Bewegungsspiele (7043)

Michael Hamm
Fitnessernährung (8648)

Karl-Peter Knebel
Funktionsgymnastik (7628)

Bärbel Siemsen
Rock'n'Roll (7639)

Friedrich Schwope
Sportmassage (8625)

Ursula Fritsch (Hg.)
Tanzen (7626)

Jürgen Freiwald
Aufwärmen im Sport (8642)

Bart de Ruyter
Triathlon (8646)